ROBERT YOUNGSON

ANTIOXIDANTES
Y
RADICALES LIBRES

Título del original:
THE ANTIOXIDANT HEALTH PLAN

© De la traducción: Manuel Algora
© 1994. Dr. Robert Youngson
© 1994. De esta edición, Editorial EDAF, S. A., por acuerdo con
   HARPERCOLLINS PUBLISHER, Ltd. Hammersmith (London) U.K

Editorial EDAF, S. A.
Jorge Juan, 30. 28001 Madrid
http://www.edaf.net
edaf@edaf.net

Edaf y Morales, S. A.
Oriente, 180, n.º 279. Colonia Moctezuma, 2da. Sec.
C.P. 15530 México, D.F.
http://www.edaf-y-morales.com.mx
edafmorales@edaf.net

Edaf del Plata, S. A.
Chile, 2222
1227 Buenos Aires (Argentina)
edafdelplata@edaf.net

Edaf Antillas, Inc.
Av. J. T. Piñero, 1594 - Caparra Terrace (00921-1413)
San Juan, Puerto Rico
edafantillas@edaf.net

Edaf Chile, S. A.
Huérfanos, 1178 - Of. 506
Santiago - Chile
edafchile@edaf.net

3.ª edición, julio 2005

ISBN de la colección: 84-414-1248-0
ISBN.: 84-414-1230-8
Depósito Legal: M. 30.366-2005

PRINTED IN SPAIN   IMPRESO EN ESPAÑA
Anzos, S. L. - Fuenlabrada (Madrid)

Índice

Introducción

Linus Pauling, dos veces ganador del premio Nobel y actualmente con 92 años de edad, es uno de los más distinguidos científicos del siglo. Su libro *La naturaleza del enlace químico y la estructura de moléculas y cristales* revolucionó la química, y se ha descrito como uno de los textos científicos más influyentes que se hayan escrito nunca. Jugó un papel primordial en el establecimiento de los fundamentos de la química, la bioquímica y la biología molecular modernas. Adaptó la química a la mecánica cuántica y fue un pionero en varios métodos fundamentales para determinar la estructura molecular. La revista *New Scientist* lo describió como uno de los 20 científicos más grandes de todos los tiempos, a la par de Newton, Darwin y Einstein. La mayoría de la gente coincidiría en que Pauling no es ningún tonto.

En 1970, Pauling publicó un libro llamado *La vitamina C y el resfriado común*, en el que expresaba su opinión, basada en cuidadosas observaciones de su propia experiencia, de que una dosis diaria y regular de esta vitamina, en cantidades muy por encima del míni-

mo requerido para prevenir su deficiencia, produciría
«... una sensación de bienestar aumentada, y especialmente un llamativo descenso en el número de resfriados, así como en su severidad». Pauling examinó anteriores ensayos de este método, la mayoría de los cuales
habían producido resultados decepcionantes, y señaló
que la dosis administrada en esos ensayos no era ni de
cerca lo bastante grande. Sin embargo, a pesar de sus
persuasivos argumentos, fue ignorado por muchos de
sus colegas como si fuese un chalado.

Así quedaron las cosas durante diez años más o
menos, hasta que sucedió lo inesperado. Algo nuevo y
muy importante emergió silenciosamente en la medicina: nada más y nada menos que una comprensión del
modo en que las células, tejidos y órganos humanos se
dañan, no sólo en desórdenes menores como el resfriado común, sino también en afecciones mayores como
las enfermedades cardiacas y el cáncer, e incluso en el
envejecimiento. La literatura aparecida sobre este tema
en las revistas médicas ha ido creciendo de modo constante, pero en los dos o tres últimos años ha entrado
de repente en erupción. Se han publicado muchos
cientos de artículos en revistas como *The Lancet*, *British Medical Journal*, *New England Journal of Medicine*
y *Journal of the American Medical Association*. El interés ha sido tan grande que ha habido incluso al menos
una revista completamente nueva dedicada con exclusi-
vidad al tema. Las revistas científicas de carácter general
como *Nature* y *Science*, las revistas especializadas de
bioquímica y biología molecular, y las revistas científicas populares como *New Scientist* y *Scientific
American*, también han publicado mucho en esta área.

Todos estos escritos originales indican que este
daño del tejido vital es causado por grupos microscópi-
cos de compuestos químicos, conocidos como *radica-*

les libres, que se producen en el cuerpo de un modo natural y en números enormes. Los radicales libres también aparecen en el humo del tabaco, las emisiones de los coches y los humos industriales, y se generan en el cuerpo cuando se ve expuesto a la luz ultravioleta procedente del sol y otras formas de radiación. Producidos en exceso y sin control, el efecto destructivo de los radicales libres sobre las células del cuerpo, y, por tanto, sobre numerosos tejidos y órganos, puede ser muy grave. Su papel en una enfermedad arterial, la aterosclerosis, que conduce a la mayoría de los casos de enfermedades del corazón y a otras afecciones graves como la gangrena, es ahora bien comprendido. La aterosclerosis, dicho sea de paso, es el asesino número uno del mundo occidental, y cuenta con más víctimas que ninguna otra causa por sí sola. El efecto lesivo de los radicales libres sobre el músculo cardiaco tras un ataque al corazón, ha quedado también claro. Un gran número de investigaciones han demostrado que el daño causado por los radicales libres está implicado en una amplia gama de otras enfermedades y desórdenes, incluyendo:

- Trombosis coronaria.
- Angina de pecho.
- Fallo cardiaco.
- Apoplejía.
- Daños cerebrales.
- Envejecimiento.
- Enfermedades renales.
- Cáncer.
- Desórdenes inflamatorios.
- Cataratas.
- Intoxicación.
- Síndrome de radiación.

- Artritis reumatoide.
- Esterilidad masculina.
- Retinopatía de los prematuros.
- Malnutrición.

Este descubrimiento es ya por sí solo un avance médico de primera línea, y ha comenzado a tener un importante impacto en la comprensión de los procesos de enfermedad. Pero esto no es todo. Se dispone hoy en día, y cada vez más, de fuertes pruebas de que los efectos lesivos del exceso de radicales libres *pueden ser limitados o incluso prevenidos* tomando grandes dosis de sustancias *antioxidantes* como la vitamina C y la vitamina E. El beta-caroteno, la provitamina A antioxidante, ha demostrado también ser una importante arma contra los radicales libres. El beta-caroteno es el compuesto que da a las zanahorias su color naranja, y es convertido por el hígado en vitamina A.

Por citar a A. T. Diplock, profesor de bioquímica en los hospitales Guy y St. Thomas de Londres:

> Están surgiendo ahora pruebas convincentes procedentes de estudios prospectivos comenzados a principios de los años 70, de que una baja ingesta alimenticia de vitamina E constituye en verdad un factor de riesgo significativo en la etiogénesis, tanto de la enfermedad cardiaca isquémica como del cáncer de ciertos lugares. Varios estudios prospectivos han demostrado una correlación entre un bajo nivel de vitamina C en la dieta y una incidencia elevada de enfermedad cardiovascular y cáncer. Las fuertes pruebas prospectivas epidemiológicas que están ahora emergiendo implican una estrecha correlación entre un nivel elevado de beta-caroteno sérico y una baja incidencia de cáncer. Estas correlaciones han sido particularmente fuertes para el cáncer de pulmón.

Traducido al lenguaje ordinario, esto significa que los ensayos científicos han probado que la gente que no toma suficiente vitamina E y vitamina C tiene más probabilidades de tener ataques al corazón y ciertos tipos de cáncer. La gente que toma suficiente provitamina A tiene menos probabilidades de contraer cáncer, especialmente cáncer de pulmón.

Los radicales libres hacen su daño por medio de un proceso químico común conocido como oxidación. Nadie cuestiona hoy en día que las sustancias antioxidantes pueden «barrer» los radicales libres e impedirles que dañen a las células. La vitamina C es uno de los antioxidantes biológicos mejor conocidos y más efectivos, así que realmente empieza a parecer como si después de todo Linus Pauling hubiera tenido razón.

Ya el tema de los radicales libres comienza a ser una gran noticia fuera de los círculos científicos. Hechos esenciales que los científicos han conocido durante varios años están gradualmente reuniéndose para formar una imagen que podría muy bien transformar la medicina, y estos hechos están comenzando a filtrarse a los no científicos.

He estado observando estos desarrollos de cerca durante cinco años, y me parece que ha llegado el momento de difundir más ampliamente las noticias. Es por ello que he decidido escribir este libro, para poner los hechos delante tuyo, sin intento alguno de «venderte» algo, de modo que puedas formarte tu propia opinión. He de extraer los hechos de entre un gran volumen de informes de investigación, pero he intentado presentarlos en un lenguaje lo menos técnico y lo más accesible posible. No tengo duda alguna sobre la importancia de este notable avance del conocimiento médico; ahora te reto a que descubras de qué va todo ello.

Sigue leyendo.

1

¿Qué son los radicales libres?

Los radicales libres son peligrosos. Pueden hacerte un montón de daño. Si tu cuerpo no consigue combatirlos de un modo efectivo, te matarán. Sabemos hoy en día que la mayor parte de las principales enfermedades que matan a la gente prematuramente, o arruinan la calidad de su vida, hacen su daño a través de los radicales libres. Están atacando constantemente las proteínas, carbohidratos, grasas y ADN del cuerpo, causando daños potencialmente graves si no se les pone freno. Cada célula de tu cuerpo padece unos 10.000 impactos de radicales libres al día. El cuerpo contragolpea, como veremos. Se trata de una auténtica batalla.

No hay modo de que puedas evitar los radicales libres, pero puedes hacer mucho por reducir el número de los que se producen en tu cuerpo, y asegurarte que sea neutralizado el máximo número posible de los que *sí* se producen. ¿Cómo se hace esto? En este capítulo bosquejaré los hechos científicos básicos que subyacen a toda la cuestión. Salvo que tengas algunos conocimientos de ciencia, puedes encontrar difíciles algunos puntos, pues un tema como éste no puede ser cubierto adecuadamente sin unos pocos conceptos técnicos. Sin embargo, te recomiendo que los trabajes, ¡y confío en que no te resulte tan difícil, después de todo! Entonces no sólo serás capaz de leer el resto de este libro con una comprensión más clara, sino que serás también capaz de adoptar un interés más crítico e inteligente hacia artículos futuros del tema en revistas y periódicos.

Los químicos y los radicales

El interés médico por los radicales libres es muy reciente, pero los químicos han estado estudiándolos de cerca durante unos 50 años. Cuando se propusieron por vez primera hace unos 100 años, la mayor parte de los químicos se encolerizaron y protestaron que eran imposibles. Gradualmente, sin embargo, llegaron a comprender que los radicales libres eran muy reales y estaban fugazmente involucrados en muchas importantes reacciones químicas, como la formación de plásticos (polímeros), el perecimiento de la goma y el deterioro de los alimentos almacenados. La mayor parte de los radicales libres existen sólo por periodos de tiempo muy cortos antes de atacar a otras sustancias y ser neutralizados en el proceso. Pueden, sin embargo, ser producidos tan rápidamente como desaparecen, y cuando atacan pueden convertir otras sustancias en radicales libres, estableciendo reacciones en cadena muy dañinas.

Así pues, ¿qué son los radicales libres?

Átomos

Todo está hecho de átomos. Unos radicales libres consisten en un solo átomo, otros en dos átomos unidos. Aquellos en los que estamos principalmente interesados consisten todos ellos en dos átomos unidos.

Pero no se trata de átomos ordinarios. Son átomos con una propiedad muy especial que marca toda la diferencia en cuanto a lo que significan para nosotros. Para dejar esto en claro, echemos una breve ojeada a los átomos en general.

Todo átomo tiene una parte central, llamada *núcleo*, y un número de partículas diminutas, llamadas *electrones*, que zumban a su alrededor. Eso es todo. El resto es espacio hueco. Un vacío. El núcleo está cargado positivamente y los electrones negativamente, y existe el mismo número de electrones que de cargas positivas en el núcleo. Así que el átomo, en su conjunto, carece de carga, pues todas las cargas positivas son neutralizadas por cargas negativas. Los electrones ocupan regiones alrededor del núcleo conocidas como *orbitales*. Cada orbital sólo puede contener dos electrones, los cuales giran en sentidos opuestos entre sí. Un orbital con dos electrones es estable; un orbital con un solo electrón es altamente inestable.

Los átomos difieren en el número de electrones que contienen. Existen 92 clases diferentes de átomos en la naturaleza, desde el hidrógeno, el más ligero, hasta el uranio, el más pesado, y los científicos han hecho una docena más de ellos. Las sustancias formadas por conjuntos de átomos de un solo tipo se denominan elementos. Así pues, existen 92 elementos naturales. El hidrógeno tiene un electrón; el uranio tiene 92. Así que el hidrógeno tiene un problema. Con sólo un electrón, ¿cómo puede conseguir un orbital estable de dos electrones? Éste es un problema que resuelve muy rápidamente, a base simplemente de unirse con otro átomo de hidrógeno para formar una pareja que comparte un orbital lleno, con dos electrones.

Moléculas

La mayor parte de las sustancias están hechas de una combinación de diferentes tipos de átomos unidos entre sí. Estas combinaciones de átomos se denominan *moléculas*. Pueden ser bastante pequeñas o muy grandes. La molécula de hidrógeno consiste en dos átomos de hidrógeno unidos. Las moléculas pueden contener unos pocos átomos o muchos. Las moléculas de las proteínas o de los plásticos son muy grandes y pueden contener cientos, miles o incluso millones de átomos, generalmente de sólo unas pocas variedades, todos ellos unidos entre sí.

Las sustancias hechas de moléculas se denominan *compuestos*, y la mayor parte de éstos contienen sólo unas pocas clases diferentes de átomos. El agua, por ejemplo, consiste en un átomo de oxígeno unido a dos átomos de hidrógeno: H_2O. La sal común consiste en un átomo del metal sodio, unido a un átomo del gas cloro: $NaCl$. Los seres humanos están hechos de apenas algo más de 20 átomos diferentes, pero el 93,3 por 100 de nuestro cuerpo está hecho de sólo cuatro: carbono, hidrógeno, oxígeno y nitrógeno.

Enlaces atómicos

Cuando los átomos se unen entre sí para formar moléculas, lo hacen compartiendo sus electrones externos de diversos modos. Estas uniones se denominan *enlaces*. Algunos átomos pueden unirse sólo a otro único átomo; otros pueden unirse a dos; otros a tres; algunos a cuatro. Un solo átomo del elemento carbono puede unirse con otros cuatro átomos, incluyendo otros átomos de carbono, y es por ello que la química del carbono es una ciencia completa por derecho propio, conocida como química orgánica. Los átomos de carbono pueden unirse entre sí formando largas cadenas, con otros tipos de átomos enganchados a éstas, o pueden unirse entre sí en forma de anillos de seis átomos (anillos bencénicos) o en anillos de diferentes tamaños junto con otros átomos. Las permutaciones son casi infinitas.

Si un átomo de carbono se une con un número de átomos menor que el máximo número de ellos con los que puede unirse, forma enlaces dobles, o incluso triples. Éstos son *más débiles* que los enlaces simples, pues el átomo de carbono gusta de tener todos sus cuatro enlaces convenientemente utilizados. Los compuestos con dobles enlaces se denominan *insaturados*; los que sólo tienen enlaces simples son *saturados*.

Moléculas orgánicas y grupos químicos

La mayor parte de las moléculas orgánicas —las que se encuentran en los seres vivientes o en sus productos— son bastante grandes. Todas ellas se basan en el carbono, y muchas consisten sólo en carbono e hidrógeno, o en carbono, hidrógeno y oxígeno unidos en cadenas o anillos. La mayoría de las moléculas orgánicas consisten en un tipo de estructura básica de átomos de carbono a la que se adhieren pequeños agregados de otros átomos. Estos conjuntos, o *grupos* químicos, son muy importantes en la química, y especialmente en la bioquímica —la química de los seres vivos—, pues los diferentes grupos son los responsables de las diferentes propiedades químicas de las moléculas.

En 1832, los químicos alemanes barón von Liebig y Friedrich Wöhler descubrieron que, al tener lugar las reacciones químicas, estos pequeños agregados, en vez de romperse para liberar los átomos individuales de que estaban hechos, tendían a actuar casi como moléculas por propio derecho, reteniendo su identidad de grupo y uniéndose, por entero, a otras moléculas. No persistían, sin embargo, indefinidamente a su aire, sino que trataban siempre de ligarse a una molécula. Se decidió dar a estos grupos el nombre de *radicales*. Esta palabra no tiene un significado oculto profundo. Simplemente proviene de la palabra latina *radix*, que significa «raíz», y se seleccionó debido a que el agregado de átomos cuelga de la molécula como una raíz, y puede «enraizarse» en otras moléculas.

Como tal vez hayas adivinado, los *radicales libres* son radicales temporalmente no unidos a una molécula. A los radicales no unidos no les gusta quedarse tan tranquilos como las moléculas de los compuestos, que son más estables; por el contrario, se hallan constantemente a la búsqueda de algo a lo que aferrarse. Muchos de ellos son bastante pequeños, consistiendo en sólo dos o tres átomos; otros son más grandes. La única cosa que tienen en común entre sí es el hecho de ser notablemente activos —y algunos de ellos son altamente peligrosos para nuestros cuerpos.

Iones e ionización

Como hemos visto, el agua consiste un solo átomo de oxígeno con dos átomos de hidrógeno unidos a él. Los enlaces entre el átomo de oxígeno y cada átomo de hidrógeno consisten en un par de electrones compartidos entre los átomos: uno procedente del átomo de hidrógeno y otro procedente del átomo de oxígeno. La molécula de agua, sin embargo, se separa, por rutina, en dos partículas, una consistente en un átomo de hidrógeno sin su electrón (H) y la otra consistente en un átomo de hidrógeno unido al átomo de oxígeno (OH). Debido a que el núcleo de un átomo está cargado positivamente y a que los electrones son negativos, un átomo de hidrógeno sin su electrón porta una carga positiva (H^+). Una partícula así recibe la denominación de *ión* positivo (término que proviene de una palabra griega que significa «vagabundo»). El electrón que falta se adhiere a la combinación oxígeno/hidrógeno (OH), la cual, con este electrón extra, es por tanto un ión negativo (OH^-). Debido a que contiene un átomo de hidrógeno y un átomo de oxígeno, se le denomina *ión hidroxilo*. Ésta es la forma normal de escisión del agua, y se conoce como *ionización*. Los iones positivos y negativos son importantes en la química, y muchas de las reacciones químicas ocurren entre diferentes iones que llegan a encontrarse.

El electrón desapareado

Hace unos 50 años se descubrió —para asombro de los químicos— que, bajo ciertas circunstancias, la molécula de agua podía escindirse de otro modo muy diferente. Si, por ejemplo, el agua es expuesta a una radiación como la de los rayos X o los rayos gamma, los dos enlaces de electrones entre los átomos de oxígeno e hidrógeno pueden romperse brevemente, dejando un electrón en el hidrógeno y otro en el oxígeno, creando así dos radicales, ambos eléctricamente neutros, pero ambos con sólo un electrón libre. Tenemos, pues, momentáneamente, dos átomos, cada uno de los cuales posee un solo electrón en un orbital externo. Estos radicales se conocen, respectivamente, como el *radical hidrógeno* y el *radical hidroxilo*, y ambos son horriblemente activos. El radical hidroxilo es el radical libre más reactivo que se conoce en la química, y atacará casi cualquier molécula del cuerpo.

Es el electrón desapareado lo que vuelve a estos radicales tan activos químicamente. Un grupo con un electrón desapareado es altamente inestable, y está desesperado por pillar otro electrón donde sea, o abandonar su electrón solitario. A la naturaleza le gusta que las cosas sean estables. Los átomos de hidrógeno, que tienen un solo electrón, nunca existen individualmente durante más de una fracción de segundo, e inmediatamente se unen en parejas para producir una molécula de hidrógeno de dos átomos con una pareja estable de electrones (H_2). Lo mismo se aplica a un radical hidrógeno —el cual, por supuesto, es simplemente un átomo de hidrógeno aislado—. Es a este estado estable a lo que siempre están apuntando los radicales, y si se forma un radical libre, atacará de inmediato a la molécula más cercana —sea la que sea— a fin de robarla o traspasarle un electrón y conseguir la estabilidad. Esto puede tener efectos muy graves.

Así pues, disponemos ya de una definición de un radical libre. Un rádical libre es *cualquier átomo o grupo de átomos capaz de existir independientemente, y que contiene al menos un electrón desapareado*. Algunos radicales libres existen durante periodos de tiempo apreciables. Pero la gran mayoría sólo tienen una existencia independiente muy breve antes de capturar un electrón extra o ceder uno. No todos los radicales libres son pequeños, como los radicales hidrógeno o hidroxilo. El radical metilo tiene un átomo de carbono y tres átomos de hidrógeno; el radical etilo tiene dos carbonos y cinco hidrógenos. Algunos son grandes y complejos, conteniendo anillos de átomos de carbono (anillos bencénicos) y varias cadenas laterales. Todos, sin embargo, tienen un electrón aislado, sin pareja, en alguna parte.

Las reacciones en cadena de los radicales libres

Desde el punto de vista médico, estamos interesados principalmente en dos radicales libres: el *radical hidroxilo* (-OH) y el *radical superóxido*, que consisten en dos átomos de oxígeno unidos ($O_2 \cdot$) con un solo electrón desapareado.

Estos radicales libres de oxígeno, cada uno con su electrón aislado, pueden atacar y dañar casi cualquier molécula presente en el cuerpo. Son tan activos que, una vez formados, sólo transcurre una pequeña fracción de segundo antes de que se unan con algo. Al hacerlo así, pueden ceder su electrón desapareado o capturar un electrón de alguna otra molécula para componer la pareja. En cualquiera de ambos casos, los radicales devienen estables, pero *la molécula atacada es, a su vez, convertida en radical*. Esto inicia una reacción en cadena que es capaz de cruzar destructivamente a través de un tejido.

La acción de los radicales libres no se halla, por supuesto, limitada al cuerpo humano, sino que aparece a todo lo largo de la química. Muchos plásticos se hacen por la acción de los radicales libres, que rompen dobles enlaces de carbono y permiten que pequeñas unidades químicas (*monómeros*) se unan repetidamente en una larga cadena para formar un *polímero*. (*Poli* es un término griego que significa «muchos»). El polietileno, por ejemplo, se hace con una reacción en cadena de radicales libres que enlaza muchos monómeros de eteno. Incluso el secado de la pintura comprende reacciones de radicales libres.

Radiaciones y reacciones en cadena

Normalmente, en los sistemas vivientes no se forma el radical libre hidroxilo, debido a la fuerza de los enlaces de una sola pieza que mantienen las moléculas de agua. Pero si alguien se ve expuesto a radiaciones, estos enlaces pueden ser rotos por las radiaciones, de modo que se forman radicales hidroxilo. Ésta es la base del daño temible, y a menudo fatal, que se produce en personas con un síndrome de radiación. Si los radicales hidroxilo atacan el ADN, las reacciones en cadena recorren la molécula de ADN causando daños al material genético y mutaciones en el mismo, o incluso una auténtica ruptura de las hebras de ADN. El cuerpo hace todo lo que puede por reparar este daño por medio de los procesos naturales de replicación del ADN, pero una reparación imperfecta deja alterado el ADN y puede dar origen al cáncer. Cuando se utilizan deliberadamente fuertes rayos X y radiaciones gamma para matar el cáncer, lo hacen principalmente por producir un gran número de radicales libres hidroxilo.

Las radiaciones no es el único modo en que se producen radicales libres, y los radicales libres no sólo se producen a partir del agua. Pero las radiaciones es el único modo común de producirse en el cuerpo radicales libres hidroxilo *a partir de agua*. Desgraciadamente, hay otros caminos por los que pueden formarse radicales hidroxilo, y hay varios otros tipos de radicales libres, especialmente el radical superóxido, que pueden producirse de otros modos. Son producidos por muchos procesos de enfermedad, por los venenos, las drogas, los metales, el humo del tabaco, los escapes de los automóviles, el calor, la falta de oxígeno, incluso por la luz del sol. Encontrarás mucho más al respecto en posteriores capítulos.

Oxidación

En términos generales, el daño hecho por los radicales libres caracteriza la reacción química conocida como *oxidación*, y los ataques de los radicales libres a los tejidos se conocen como *estrés oxidativo*. Esta idea de la oxidación es particularmente importante y merece un estudio más atento.

Si se deja a la intemperie un clavo de hierro brillante, pronto se aherrumbrará. Si enciendes una cerilla y la dejas arder, su firme madera blanca se convertirá en un residuo quebradizo y ennegrecido. Si pones el coche en marcha, un poco de gasolina se convertirá en una mezcla de gases y hollín que saldrán por el tubo de escape. Todos éstos son ejemplos de un cambio químico común conocido como oxidación. En todos estos casos, el elemento oxígeno —que constituye aproximadamente el 20 por 100 del aire atmosférico— se une químicamente con la sustancia original, sea hierro, celulosa o hidrocarburo, para formar un compuesto enteramente nuevo. Si el clavo se oxida por completo —lo que finalmente ocurrirá si se ve expuesto al aire y al agua—, se convertirá en un montón de polvo rojo llamado óxido de hierro. Cuando la cerilla y la gasolina se oxidan, tienen lugar igualmente cambios importantes en los que el carbono, el hidrógeno y el oxígeno de los que están hechos se combinan con el oxígeno del aire para formar nuevos compuestos. Estos últimos son ante todo gases: vapor de agua (hidrógeno y oxígeno) y dióxido de carbono (carbono y oxígeno). El residuo de la cerilla y el hollín del escape del automóvil son mayormente carbono que no se ha unido con el oxígeno para formar dióxido de carbono.

El interés de encender cerillas y quemar gasolina estriba en liberar energía. La oxidación está siempre asociada con una liberación de energía, usualmente en forma de calor. Incluso el aherrumbramiento del clavo libera calor, pero muy lentamente, de modo que no solemos advertirlo. El calor es obvio en el caso de la cerilla, y el de la gasolina expande el gas en los cilindros del motor del coche, impulsa hacia abajo los pistones y mueve el automóvil. Cuando te comes una hamburguesa de MacDonald, también ella se oxida —muy lentamente, de modo que la energía calórica es liberada a una velocidad adecuada para mantener tu temperatura corporal y suministrar energía a las células.

La liberación de energía es siempre un arma de doble filo. En consecuencia, aunque es obvio que la oxidación es importante y necesaria, también puede ser dañina. Las cerillas pueden servir para encender el gas, pero también pueden prender fuego a una casa. La gasolina y otras sustancias activas o explosivas pueden utilizarse de diferentes modos cuando se oxidan, unos constructivos, otros destructivos. Sucede exactamente lo mismo con los radicales libres. El cuerpo no puede pasarse sin ellos, pues están implicados en muchas reacciones químicas esenciales. Pero si se producen más radicales libres de los que el cuerpo necesita, o si los métodos que utiliza el cuerpo para manejar los radicales libres resultan inadecuados, nos encontraremos con problemas.

Aunque el término oxidación significaba originalmente añadir oxígeno, como en los anteriores ejemplos, se ha extendido hoy en día a un significado más amplio. Los químicos definen ahora la oxidación como cualquier reacción química que supone la pérdida de un electrón por parte de un átomo. Y, como hemos visto, quitar electrones de los átomos es exactamente lo que los radicales libres hacen particularmente bien.

¿Cómo se producen en el cuerpo los radicales libres de oxígeno?

Los radicales libres pueden originarse en las células del cuerpo de diversos modos. Las radiaciones externas, incluyendo la luz ultravioleta, los rayos X y los rayos gamma procedentes del material radioactivo, son una potente fuente de radicales libres. Dichas radiaciones actúan rompiendo los enlaces entre los átomos, dejando los radicales con sus electrones desapareados para propagar su daño. Los radicales libres se producen en el curso de varios procesos de enfermedad. En un ataque cardiaco, por ejemplo, cuando se suspende el suministro de oxígeno y glucosa al músculo cardiaco, lo que causa el daño real al músculo es el gran número de radicales libres producidos.

Muchos tipos de intoxicación química promueven los radicales libres, y lo mismo hace la inhalación excesiva de oxígeno puro. La necesidad que tiene el cuerpo de descomponer una amplia gama de fármacos para convertirlos en sustancias menos peligrosas (detoxicación) implica también la producción de radicales libres. La toxicidad de muchos fármacos y productos químicos se debe realmente a su conversión en radicales libres o a su efecto en la formación de radicales libres.

La inflamación —uno de los tipos más comunes de desorden corporal— se asocia con la producción de radicales libres, pero los radicales libres son probablemente la causa de la inflamación más que su efecto. Sin embargo, el cuerpo realmente utiliza los radicales libres para matar las bacterias dentro de las células limpiadoras del sistema inmunitario —los *fagocitos*—, y cuando hay un número excesivo de éstos en el área inflamada, los radicales libres contribuyen sin duda al daño tisular, empeorándolo todo. Esto es probablemente lo que sucede, por ejemplo, en la artritis reumatoide.

Los radicales libres también surgen en el curso del funcionamiento celular interno normal. A esto se le llama *metabolismo*, y, por supuesto, es algo esencial. Los procesos metabólicos requieren muchas reacciones químicas que implican la acción de los radicales libres. La reunión de las cadenas de aminoácidos (*polimerización*) para formar proteínas, o la polimerización de las moléculas de glucosa en forma del polisacárido glucógeno, por ejemplo, implican la acción de los radicales libres. En el curso del metabolismo se producen radicales libres importantes y potencialmente peligrosos como son los radicales superóxido e hidroxilo. En la mayoría de los casos, el proceso es controlado automáticamente y el número de radicales libres no se vuelve peligrosamente alto. Afortunadamente, el cuerpo, en el curso de millones de años de evolución, se ha acostumbrado a manejar los radicales libres y ha desarrollado diversos esquemas para hacerlo así.

Tres enzimas mágicos

El avance que hizo que los científicos y los médicos empezaran a considerar realmente en serio los radicales libres fue el asombroso descubrimiento de que el cuerpo produce en verdad grandes cantidades de una sustancia (un *enzima*) cuya única función es la de descomponer el peligroso radical libre superóxido. Este enzima se denomina *superóxido dismutasa* (comúnmente conocido por los científicos como SOD). No hay motivos para ser descorteses con este maravilloso enzima, pues realmente lo necesitamos. Este enzima convierte los peligrosos radicales libres superóxido en peróxido de hidrógeno*, que no es tan peligroso. Éste compuesto es también bastante poderoso, capaz de ponernos a todos el pelo rubio, y bastante dañino para los tejidos. Felizmente, el cuerpo produce otro enzima, denominado *catalasa*, que descompone de inmediato el peróxido de hidrógeno en agua y oxígeno, y todo va bien. Existe un tercer enzima antioxidante natural llamado *glutation peroxidasa*, que también reduce el peróxido de hidrógeno a agua.

Cada uno de estos enzimas se produce en las células bajo las instrucciones de un tramo de código genético del ADN. Cada célula de nuestro cuerpo contiene instrucciones para hacer estos tres enzimas. Así que, salvo que los radicales libres sean importantes, ¿por qué habría la evolución de tomarse tantas molestias en proteger al cuerpo frente a ellos?

Eso es algo sobre lo que pensar.

---

* Agua oxigenada. *(N. del T.)*

2

Los radicales libres y tus arterias

No concedemos apenas suficiente atención y preocupación a nuestras arterias. Muchos de nosotros nos quejamos y preocupamos por nuestras articulaciones, espaldas, pulmones, piernas, venas, piel, incluso por nuestra vejiga, pero rara vez, si es que alguna, lo hacemos por nuestras arterias. Hay, desde luego, buenas razones para esto. Una es que los efectos de las arterias dañadas son mayormente indirectos. Otra es que pocos de nosotros valoramos realmente lo fundamentalmente importantes que son. La verdad es que los trastornos de las arterias son algo mucho más grave que cualquiera de esas otras cosas de las que nos quejamos.

La amenaza de la aterosclerosis

Al hablar de «trastornos de las arterias» me refería a una enfermedad arterial, una afección muy común denominada *aterosclerosis*. Hay varias otras enfermedades de las arterias, pero, aparte de ésta, son relativamente raras. La aterosclerosis afecta a casi todas las personas; o, para ser más exactos, a casi todas las personas de Occidente. Comienza en la infancia y, en la mayoría de los casos, progresa muy lentamente a lo largo de la vida. El grado hasta el que progrese tendrá una gran importancia, y ello por una razón muy simple: las arterias transportan sangre; la sangre transporta oxígeno y nutrientes vitales. Si estos suministros no llegan, los diversos órganos a los que es transportada la sangre por las arterias simplemente morirán. Si el suministro de sangre es seriamente restringido, padecerán un desorden o un mal funcionamiento. La aterosclerosis causa un estrechamiento o incluso un bloqueo de las arterias afectadas. Esto significa que será menor la cantidad vital de sangre que llegue hasta el órgano o la parte. Si el órgano es el corazón y el estrechamiento es excesivo, el resultado será un ataque cardiaco, posiblemente la muerte; si es el cerebro, el resultado será una apoplejía; si es una pierna, el resultado será la gangrena.

La aterosclerosis afecta a ciertas arterias más a menudo que a otras, y es particularmente susceptible de ocurrir en las que proveen al corazón, el cerebro y las piernas. Pero puede afectar a casi cualquier arteria, y puede conducir a horribles consecuencias para los ojos, los riñones, los intestinos, algunas de las glándulas endocrinas y otras partes del cuerpo. La aterosclerosis mata más personas que ninguna otra enfermedad o causa. Tiene asimismo un efecto devastador sobre la calidad de vida de millones de personas, atenazándolas con una angina de pecho y un dolor extremo en la pierna al caminar y, en otros casos, causando una demencia penosa y progresiva.

Aunque durante años hemos sabido que existe una relación entre la dieta y la aterosclerosis, sólo recientemente se ha vuelto evidente que el verdadero daño a las arterias, que conduce a un peligroso estrechamiento de las mismas, es causado por radicales libres. Es por ello que la he colocado comandando la lista de las cuestiones a considerar en un libro sobre este tema.

¿Qué es la aterosclerosis?

Las arterias son tubos resistentes, elásticos, de paredes gruesas, que transportan sangre, a presión bastante alta, desde el corazón hasta las diversas partes del cuerpo. Esta sangre viene renovada de los pulmones, donde ha cogido un buen suministro de oxígeno, y transporta también el combustible del cuerpo, la glucosa, procedente del hígado y los intestinos. Tanto el oxígeno como la glucosa son esenciales para la vida y para la salud. El cerebro y el corazón son especialmente sensibles a la falta de oxígeno y de glucosa. Si el suministro de estas sustancias vitales es interrumpido durante unos pocos minutos, la muerte, o un grave daño cerebral, serán inevitables. Una vez que ha suministrado oxígeno y glucosa a los tejidos, la sangre retorna al corazón por medio de las venas, de paredes finas y baja presión, completándose la circulación.

La aterosclerosis afecta no sólo a las arterias, sino también a las venas. Es una enfermedad degenerativa que se inicia en el primer año de vida con bandas grasas en los endotelios arteriales. Éstas se presentan en casi todos los niños del mundo occidental, y se consideran como la primera etapa del proceso, aunque no necesariamente como el lugar en el que, mucho más tarde en la vida, se desarrollarán *placas*. Las placas son áreas blancas o blanco-amarillentas que se forman en la superficie interior de las arterias, de un tamaño que varía entre tres milímetros a centímetro y medio. En los casos severos las placas son tan numerosas que se unen en grandes masas. Estas placas consisten en una

zona exterior que es una mezcla de tejido fibroso, células fagocitarias y un número anormal de células de
músculo liso, junto con un núcleo consistente en una
masa desorganizada de detritus celulares y sustancias
grasas, principalmente colesterol. Alrededor de los bor-
des de las placas hay numerosos y pequeños vasos sanguíneos anormales que han brotado de la pared de la
arteria.

¿En qué modo daña la aterosclerosis?

Las arterias más común y severamente afectadas
por la aterosclerosis son el principal tronco arterial del
cuerpo —la *aorta*— y sus ramas inmediatas. En particular, la aterosclerosis afecta a las *arterias coronarias*,
las dos ramas de la aorta que suministran sangre al
músculo cardiaco; las ramas que descienden para proveer a las piernas; las ramas *carótidas* que ascienden por
el cuello para proveer al cerebro; y sus ramas que forman una red bajo el cerebro. Aunque las ramas que van
a riñones e intestinos suelen librarse, es corriente que
las aberturas de estas ramas en la aorta estén estrechamente cerradas por la aterosclerosis.

Las arterias no suelen quedar completamente
cerradas por las placas. Lo que sucede es que la superficie de las placas se vuelve áspera y a veces se rompe (se
ulcera). De este modo, la sangre puede entrar en contacto con el tejido subyacente. La sangre está diseñada
de forma que se coagule cada vez que entra en contacto con un tejido del cuerpo que no sea el endotelio de
los vasos sanguíneos. Así que los coágulos son muy
comunes encima de las placas ateromatosas. A esto se le
llama *trombosis* y, por supuesto, un coágulo así puede
fácilmente cerrar la arteria por completo. La trombosis

de arteria coronaria es la principal causa de los ataques cardiacos; la trombosis de la arteria cerebral causa apoplejía, con todas sus temibles consecuencias de parálisis, trastornos del habla y de la visión, e incapacitación general. Apoplejías todavía más graves tienen lugar cuando las pequeñas arterias cerebrales son dañadas y debilitadas de tal modo por la aterosclerosis que estallan. La hemorragia resultante alrededor del cerebro o dentro de él se denomina *hemorragia cerebral*, y sus efectos son devastadores.

Aparte del riesgo para el cerebro, el corazón y otros órganos, el daño a la aorta misma conduce comúnmente al debilitamiento de la pared, y la presión de la sangre en este vaso es tan alta que el resultado es a menudo una peligrosa dilatación de la aorta; afección conocida como *aneurisma*. No hace falta decir que un aneurisma aórtico es una afección altamente peligrosa, y que las consecuencias de tal estallido son algo que no nos atrevemos ni a pensar.

Así que la aterosclerosis severa es una afección que ha de evitarse a toda costa. Cualquier conocimiento sobre el modo en que se produce es un conocimiento valioso, y cualquier medida que pudiera retardar el progreso de la enfermedad sería inapreciable. Ese conocimiento existe hoy en día, y hay buenas razones para creer que *tenemos* modos de limitar el empeoramiento de esta temible afección. Olvida cualquier idea que pudieras tener de que es simplemente cuestión de reducir la ingesta de colesterol. Es un asunto más complicado que todo eso. El colesterol es un ingrediente esencial del cuerpo, y cada día una gran cantidad de colesterol desciende por tus conductos biliares procedente del hígado, donde es sintetizado, y es luego reabsorbido por tu sangre. Ciertamente, una reducción en el consumo de grasas saturadas sería útil, pero siem-

pre habrá abundancia de colesterol en tu cuerpo capaz
de depositarse en las placas ateroscleróticas, *si el proceso
que conduce a esta peligrosa deposición se halla operante.*
Afortunadamente, estamos ahora comenzando a comprender este proceso, y sabemos que los radicales libres
están profundamente implicados en él.

¿En qué modo causan los radicales libres la aterosclerosis?

El colesterol y otros materiales grasos (los *lípidos*)
son transportados a todas partes por el torrente sanguíneo en forma de diminutos cuerpos grasos conocidos
como *lipoproteínas.* Hay dos grandes categorías de
éstas, las lipoproteínas de baja densidad (las LDL*), y
las lipoproteínas de alta densidad (las HDL**). La densidad tiene que ver con la proporción de proteína presente. Las HDL tienen mucha proteína y un poco de
colesterol; las LDL tienen mucho colesterol y un poco
de proteína. Las LDL transportan colesterol y otras grasas desde el hígado a los tejidos —incluyendo las arterias— y las HDL transportan colesterol y grasas desde
los tejidos al hígado. Las LDL pueden ser consideradas
como las «malas» y las HDL como las «buenas».

Los científicos han sabido todo esto durante años,
y han sabido también que si comes muchas grasas saturadas —grasas estables sin enlaces dobles entre los
átomos de carbono, que son sólidas a temperatura
ambiente— tendrás montones de LDL en sangre. Si

---

* Término compuesto por las iniciales de su denominación
inglesa, «low-density lipopreteins». *(N. del T.)*
** Término compuesto por las iniciales de su denominación
inglesa, «high-density lipoproteins». *(N. del T.)*

sólo comes grasas poliinsaturadas —grasas con muchos dobles enlaces, que suelen ser líquidas a la temperatura ambiente—, tendrás muchas menos LDL en la sangre. Lo que no se ha llegado a saber es cómo acaba el colesterol de las LDL en las placas ateromatosas.

En qué forma se vuelven peligrosas las lipoproteínas

Las lipoproteínas no son, por sí mismas, demasiado buenas para penetrar un tejido intacto. El modo en que operan es el de ser llevadas al lugar en que se requieren sus materiales a través de vasos sanguíneos tan diminutos que las LDL son capaces de entrar en contacto directo con sus células objetivo. Investigaciones recientes indican, sin embargo, que las LDL que han sido atacadas por radicales libres y oxidadas (ver págs. 25-27) son mucho más feroces que las sumisas LDL normales. Las LDL oxidadas pueden, aparentemente, abrirse paso a través de las capas endoteliales de revestimiento interno de las paredes de las arterias, de modo que pueden depositar su carga bajo la capa superficial. Algunos científicos han propuesto asimismo que los radicales libres actúan también de otros modo: lesionando las células de revestimiento interno (*endotelio*) y las células de músculo liso de la pared vascular; impidiendo a las células depuradoras (fagocitos) hacer su trabajo; y promoviendo la formación de las grandes *células espuma* de fagocitos en las que el colesterol se acumula en las placas. Es significativo que las investigaciones hayan demostrado que en conejos con muy altos niveles de colesterol, los que reciben el antioxidante probucol —fármaco relacionado con el BHT (ver pág. 115) desarrollan menos placas ateroscleróticas que quienes no reciben el fármaco. El probucol ha sido utilizado igualmente en seres humanos.

Así que el punto de vista actual sobre la producción de placas ateroscleróticas es que las LDL, salvo que hayan sido oxidadas, no ayudan a la formación de placas. El doctor Hermann Esterbauer, de la Universidad de Graz, Austria, destacado investigador en el área del daño casuado a las arterias por los radicales libres, hablando en una conferencia en la Academia de Ciencias de Nueva York sobre las implicaciones para la salud de la vitamina E, afirmó que existían fuertes evidencias de que la oxidación de las LDL por los radicales libres era el hecho esencial, y que a menos que las LDL fueran oxidadas no eran capaces de formar placas. Los delegados de la conferencia escucharon que los antioxidantes naturales de las LDL eran agotados por los radicales libres, hasta el punto de no poder ya impedir las lesivas reacciones en cadena causadas por los radicales libres.

En la misma conferencia, el doctor K. Fred Gey, de Hoffmann-LaRoche, Basilea, y un profesor del Instituto de Bioquímica y Biología Molecular de la Universidad de Berna, comunicaron los resultados de una interesante investigación. Este estudio, copatrocinado por la Organización Mundial de la Salud, era sobre las razones para las llamativas divergencias que aparecían entre diferentes países en cuanto a la mortalidad por enfermedad cardiaca causada por aterosclerosis de las arterias coronarias. Se había realizado con 11.000 hombres de 40-59 años de edad, procedentes de 12 países. En algunos países, la incidencia de muertes por enfermedad cardiaca era mucho mayor que en otros. Los hombres que vivían en Escocia y Finlandia, por ejemplo, tenían cuatro veces más probabilidades de morir de una enfermedad cardiaca que quienes vivían en Italia o Suiza. Está claro que ha de haber una explicación para esta notable diferencia, y el doctor Gey sugirió que podría haber sido encontrada. En el curso de la investigación se siguieron los niveles de antioxidantes (vitaminas E y A) en la sangre de los sujetos durante un periodo de cuatro meses. Los resultados fueron notablemente sugestivos. En aquellos con bajos niveles de estas vitaminas, la incidencia de muertes era superior a la de aquellos con niveles elevados. No se trataba de una diferencia marginal. Los estudios de factores de riesgo previos, tales como el tabaco, la hipertensión y un nivel elevado de colesterol en sangre, podían predecir un aumento del riesgo de enfermedad cardiaca con una exactitud de sólo el 50 por 100. Cuando se tomaban también en consideración los niveles sanguíneos de estas vitaminas, la exactitud se elevaba al 94 por 100.

Probablemente merezca la pena mencionar, en este contexto, que —tal como se informaba en *Scottish Medical Journal* de 1989— los escoceses de edad madura comen muy poca fruta y verdura.

¿Una mera coincidencia?

3

En qué modo pueden dañar a tu corazón los radicales libres

En 1991, el prestigioso semanario británico de medicina *The Lancet* llevaba como artículo principal un informe producido por la unidad de investigación cardiaca del Departamento de Cardiología y Medicina de la Universidad de Edimburgo. Este informe, del doctor R. A. Riemersma y sus colegas, describía un estudio de investigación sobre si había alguna conexión entre los niveles corporales de ciertas vitaminas y el riesgo de tener angina de pecho. Las vitaminas en cuestión eran la C, la E y la A, así como el beta-caroteno, sustancia que es convertida por el hígado en vitamina A. Había en este ensayo algo más de lo que saltaba a simple vista.

Sobre la angina

La angina de pecho, en contra de lo que comúnmente se cree, no es una enfermedad, sino un síntoma. Es el dolor atenazante y constriñente, tenso y a menudo agónico, «como una faja de acero alrededor del pecho», que padece su víctima tras realizar cierta cantidad de ejercicio, a menudo predecible. La angina suele llegar tras caminar una distancia particular, más rápidamente en un día frío, o al caminar en contra del viento, y especialmente al caminar cuesta arriba. Puede ser desencadenada por la ansiedad o la emoción. A veces el dolor desciende por los brazos, especialmente el brazo izquierdo; a veces irradia hacia la espalda o hacia el cuello. Es, en conjunto, una experiencia muy desagradable y preocupante.

La angina es preocupante porque el problema viene del corazón, y su causa es pedirle al corazón que trabaje más fuertemente de lo que es cómodamente capaz con el limitado suministro de oxígeno y glucosa de que dispone. Este suministro es limitado debido a que las arterias que transportan sangre al músculo cardiaco —las arterias coronarias— se han estrechado por la aterosclerosis (ver págs. 31-36). La aterosclerosis es la enfermedad; la angina es el síntoma. En el caso de las personas más afectadas —generalmente hombres—, el corazón puede latir satisfactoriamente cuando la persona está descansando. Pero, durante el ejercicio, el corazón ha de trabajar con más fuerza para bombear sangre adicional a los músculos, y llega un momento en que las arterias que se hallan estrechadas no pueden suministrar el necesario aumento de flujo sanguíneo. Cuando esto sucede, el corazón se queja. Los materiales de desecho se acumulan alrededor de las células del músculo cardiaco, y éstos estimulan las terminaciones nerviosas del dolor. Muchas personas con angina continúan así durante años, pero en algunas la afección empeora gradualmente hasta que puede aparecer incluso durante el descanso. En otros, la angina deviene más rápidamente inestable, y existe el serio riesgo de que una arteria coronaria, o una rama grande, quede bloqueada por completo, causando una trombosis coronaria —un ataque cardiaco.

Angina y vitaminas

El informe del doctor Riemersma era especialmente interesante por diversas razones. En primer lugar, existe una relación obvia entre la angina de pecho y el riesgo de enfermedad cardiaca: ambas son causadas por el mismo desorden arterial: la aterosclerosis. En segundo lugar, las vitaminas estudiadas por el informe son antioxidantes que atacan a los radicales libres. Quizá lo más interesante de todo sea que el estudio —llevado a cabo científicamente y por gente muy bien informada— implicaba la presunción de que podría muy bien haber una conexión entre los radicales libres y las enfermedades cardiacas. Los resultados del estudio confirmaron esta suposición. No se encontró ninguna conexión entre los niveles de vitamina A y la angina. Los resultados para la vitamina C sufrieron un factor de confusión por el hecho de que los niveles de esta vitamina son inferiores en fumadores que en no fumadores, y dado que el tabaco es un factor de riesgo establecido para las enfermedades cardiacas, no podía atribuirse ésta a bajos niveles de la vitamina. De todos modos, por lo que concierne a la vitamina E, no había duda alguna acerca del resultado. Incluso después de tener en cuenta el tabaco, la tensión de la sangre, la obesidad y los niveles sanguíneos de colesterol, el hecho estaba claro. Los hombres con bajos niveles sanguíneos de vitamina E eran significativamente más propensos a tener angina que otros hombres con niveles elevados.

Los autores del informe concluían que «... algunas poblaciones con elevada incidencia de enfermedad coronaria (cardiopatía isquémica) deberían suplementar sus hábitos alimenticios con más cereales, aceites ricos en vitamina E, verduras y fruta». El informe descubrió algunos otros puntos muy interesantes. Como se expli-

ca en el capítulo 2, las lipoproteínas de baja densidad
(las LDL) alteradas por oxidación con radicales libres
se consideran los principales factores de desarrollo de
las placas que estrechan las arterias en la enfermedad de
las arterias coronarias. Los autores de este informe atra-
jeron la atención hacia una investigación americana que
mostraba que cuando se añade vitamina E a células cul-
tivadas en el laboratorio, bloquea los cambios de las
LDL producidos por oxidación. También señalan que
las grasas protectoras poliinsaturadas son muy vulnerables al ataque por los radicales libres, lo que puede iniciar una reacción en cadena que las convierta, a su vez,
en radicales libres. Esta reacción en cadena puede ser
impedida por la vitamina E.

Aunque he prestado especial atención a este informe, subrayaría que no es sino uno de los muchos cientos
de artículos profesionales sobre radicales libres y enfermedades cardiacas que se han publicado en las revistas
médicas en años recientes. Casi todos ellos apoyan el
punto de vista de que los radicales libres desempeñan un
papel importante en las enfermedades cardiacas.

Los radicales libres y los ataques cardiacos

Un ataque cardiaco es diferente de una angina. Es
consecuencia de un bloqueo real de una arteria coronaria o de una de sus ramas. En algunos casos, el ataque
cardiaco es causado por un espasmo temporal de una
arteria coronaria, de modo que casi se cierra por un
tiempo. Los efectos son los mismos. Los ataques cardiacos no están relacionados con el ejercicio, como la
ángina, sino que pueden sobrevenir en cualquier
momento. El dolor es de naturaleza similar, pero a
menudo más severo, y no pasa con el descanso, sino

que continúa. Frecuentemente existe la terrible sensación de una muerte inminente, lo que, por desgracia, a menudo está justificado.

Cuando una parte del músculo cardiaco es privada por completo de su suministro de sangre, se hincha y rápidamente muere. Esto debilitará la acción del corazón y, a veces, puede debilitar también las paredes del mismo, pero no es necesariamente fatal. Con suerte, el área de músculo muerta formará una fuerte cicatriz, y el corazón continuará latiendo satisfactoriamente, aunque no será capaz de una acción tan poderosa como antes. En ocasiones, este proceso se repite varias veces, y con cada ataque el corazón se daña cada vez más. En tales casos, hay probabilidades de que se dé un fallo cardiaco: la incapacidad de mantener la sangre circulando adecuadamente.

Las investigaciones modernas sugieren que el efecto más importante de los radicales libres tiene lugar no en el momento del bloqueo, sino cuando el tejido dañado, especialmente el que rodea la zona muerta, está tratando de recuperarse ensanchando los vasos sanguíneos cercanos. Esta respuesta se denomina *reperfusión*, y es durante este periodo que hay más oxígeno disponible y se da el máximo peligro por causa de los radicales libres. Este hecho fue espectacularmente ilustrado en un informe publicado en *The Lancet* de abril de 1993. La investigación sobre los radicales libres ha progresado ya hasta el punto de poder obtenerse realmente la prueba de la presencia de radicales libres por el análisis de una pequeña muestra de sangre tomada de una vena del área en cuestión. Dicha sangre es examinada por un método muy avanzado que se conoce como *espectroscopia de resonancia paramagnética de electrones*. Las muestras han de guardarse a muy bajas temperaturas en nitrógeno líquido hasta poder ser examinadas.

El informe del *Lancet* describe el caso de un hombre de 61 años que fue tratado en un hospital dos horas y media después de haber sufrido un ataque cardiaco. Un tipo especial de rayos X, llamado *angiografía*, mostró que una de sus arterias coronarias estaba bloqueada. Se introdujo un tubo fino (catéter), con un pequeño balón en un extremo, en la arteria afectada, fue empujado hasta la obstrucción, y se infló el globo. La arteria fue abierta con éxito. Hasta ahí, el asunto era mera rutina. Este procedimiento de angioplastia de arteria coronaria con balón era una rutina cotidiana, demasiado ordinaria para informar de ella en una revista médica. Lo diferente en este caso fue que, antes de pasar el catéter de balón, se había pasado un segundo tubo muy estrecho dentro del corazón del paciente, de modo que su extremo cayera cerca de la abertura de la vena —el seno coronario— que devuelve a la circulación la sangre de la arteria coronaria. Esto permitía tomar muestras de la sangre que pasaba a través del área afectada en cualquier momento del procedimiento. Las muestras fueron congeladas de inmediato a la espera de la espectroscopia.

Desgraciadamente, una hora más tarde la arteria coronaria se cerró de nuevo y el procedimiento hubo de ser repetido. Nuevamente, se obtuvieron muestras de la sangre que brotaba del área afectada y fueron procesadas. Esta vez, la arteria permaneció abierta largo tiempo y todo fue bien. Cuando las muestras de sangre fueron estudiadas por espectroscopia de resonancia paramagnética de electrones, se descubrió que, en ambos episodios, cada vez que la arteria era abierta *se vertía fuera del área un diluvio de radicales libres.*

Esto constituía una importante confirmación del punto de vista ampliamente sostenido de que una gran parte del daño que tiene lugar en el curso de un ataque cardiaco es causado por radicales libres que se liberan *durante la fase de recuperación*, sea por la propia respuesta natural de recuperación del cuerpo al abrir vasos sanguíneos próximos, o debido a una intervención médica. Los expertos creen hoy en día que es la aumentada disponibilidad de oxígeno, en este punto, la que inicia la producción de radicales libres.

Daños posteriores de los radicales libres

Sin embargo, parece ser que los radicales libres no han completado todavía su letal trabajo. Se ha sabido durante muchos años que tan pronto como el músculo cardiaco es dañado por la pérdida de su suministro de sangre, millones de glóbulos blancos limpiadores (fagocitos) entran en el área para empezar a limpiarla, de modo que pueda proceder la regeneración y la formación de la cicatriz. Lo que no se supo hasta recientemente es que esta *infiltración leucocitaria*, como se la conoce en la jerga médica, se asocia también con un estallido de producción de radicales libres. La razón para esto es que los fagocitos utilizan realmente los radicales libres en sus operaciones de limpieza (ver pág. 27).

En el caso aquí descrito, se continuó el seguimiento de los radicales libres y, ciertamente, entre 9 y 24 horas más tarde hubo una elevación en la salida de radicales libres, que subió aún más cuando la arteria coronaria fue abierta en la primera y en la segunda ocasión. Dicha producción de radicales libres es probablemente necesaria, pero existe una posibilidad real de que sean también responsables de posteriores daños al corazón. La sobreproducción de radicales libres de los fagocitos ha sido investigada en varias otras enfermedades. Los resultados sugieren que los fagocitos generalmente producirán radicales libres en exceso. Hay pruebas cada vez mayores de que una proporción sustancial del daño hecho en estos procesos es resultado de los radicales libres producidos por los fagocitos, distinto del daño causado por los agentes originales.

Implicaciones prácticas y una advertencia

La medicina científica busca explicaciones a los procesos de enfermedad antes de intentar encontrar su cura. Los métodos de «prueba y observa» —conocidos como *tratamientos empíricos*— están muy bien, y ciertamente se adoptan cuando la evidencia de su eficacia es suficientemente fuerte. Pero hasta que no haya una explicación demostrable del modo en que operan, siempre habrá una duda latente, y a veces se descubre más tarde que esta duda estaba justificada. Ahora que se conoce tanto sobre el papel de los radicales libres en la producción de los daños de las enfermedades, se tiene el terreno preparado para intentar una intervención con la que tratar de minimizar este daño. Tal intervención debe, obviamente, tomar la forma de un ataque sobre los radicales libres, bien por el uso de diversos antioxidantes, bien por otros medios.

El interés médico en esta posibilidad es ahora intenso, y se están llevando a cabo muchos ensayos. Debo recalcar, sin embargo, que el problema básico de los ataques de corazón es el estrechamiento y obstrucción de las arterias coronarias. Debe hacerse todo lo posible, desde la etapa más temprana, para minimizar el riesgo de un estrechamiento o bloqueo semejante. Dado que los radicales libres juegan un papel importante como causantes de la enfermedad arterial que produce este estrechamiento, tenemos una línea obvia de aproximación. Sería totalmente equivocado, sin embargo, desviar la atención de la importancia de los factores de riesgo ya establecidos: tabaco, obesidad, hipertensión sanguínea, falta de ejercicio y una dieta rica en grasas saturadas. Los radicales libres no son todo el asunto, y cualquiera que crea que una dosis diaria regular de vitamina E y vitamina C confiere licencia para continuar la vida de un haragán glotón, gordo, fumador y físicamente perezoso, será en verdad muy tonto.

Interés oficial

La enfermedad cardiaca coronaria ataca comúnmente a los hombres en la cumbre de su capacidad productiva y de su utilidad para la sociedad. Aparte de la tragedia de las muertes y de las vidas arruinadas, la enfermedad es de enorme importancia económica. En septiembre de 1991, el Ministerio Británico de Agricultura y Alimentos estableció un importante programa de investigación en los radicales libres y las enfermedades cardiacas, y en el valor de las vitaminas antioxidantes C y E y el beta-caroteno. Con un presupuesto de 1.650.000 libras, fue una de las investigaciones más intensas sobre radicales libres y antioxidantes que se hayan montado nunca. Un programa así lleva tiempo, y se espera que los ocho proyectos duren al menos tres años. Sus descubrimientos son, desde luego, aguardados con el mayor interés.

¿Crees que deberías esperar, o, quizás, hay algo que deberías hacer al respecto ahora mismo?

4

Los radicales libres
y el cáncer

Aquí entramos en aguas profundas. Déjame decirte de entrada que la significación de los radicales libres en relación con el cáncer es mucho menos clara que en el caso de las enfermedades arteriales y cardiacas, y que, por desgracia, no se ha conseguido hallar todavía una salida a la situación. Los estudios de radicales libres y antioxidantes no se encuentran de ningún modo en primera línea de la investigación sobre el cáncer, al menos en este momento, y aún no sabemos si alguna vez lo estarán. No obstante, *hay* en marcha una cantidad sustancial de investigaciones para ver hasta qué punto son importantes los radicales libres en relación con el cáncer.

El cáncer es asimismo un tema muy complicado, y cualquier exposición sobre el mismo en un libro de este tipo debe, por necesidad, ser simplificado. Aun así, han de cubrirse algunas de las bases del tema para que este capítulo pueda proporcionar algo de información útil. Me temo que algunas de ellas constituirán una lectura bastante sombría.

¿Qué es el cáncer?

La palabra «cáncer» es un término conveniente, aplicable a por lo menos 200 afecciones distintas. El cáncer puede afectar a cualquier tejido u órgano del cuerpo, bien como cambio primario en ese tejido u órgano, bien por invasión procedente de otra parte del cuerpo. Algunos cánceres son tan leves que pueden ser curados con la punción de una aguja y diez minutos de cirugía indolora. Otros son tan malignos que, mucho antes de que aparezca cualquier síntoma, la enfermedad puede encontrarse ya más allá de todo remedio, de modo que posteriormente resistirá cualquier intento de tratamiento. El común carcinoma de bronquios, causado por el humo del tabaco, es a menudo de este tipo. En determinado sentido, sin embargo, el cáncer es una sola enfermedad. Todas las células tumorales, cualquiera que sea su origen y tipo, comparten una serie común de cambios básicos y siguen un patrón común de comportamiento anormal. Todas las células de cáncer muestran cambios muy similares, o incluso idénticos.

Todos los tejidos del cuerpo humano se componen de células. Las células de los tejidos operan como comunidades, y están restringidas en su crecimiento y reproducción por factores controladores. Las células normales de los tejidos permanecen localizadas en sus órganos particulares, creciendo y reproduciéndose muy lentamente, y justo lo suficiente como para compensar la muerte celular accidental. Uno de los factores responsables de esto se conoce como *inhibición por contacto*. Cuando las células están estrechamente empaquetadas y son incapaces de moverse, se reproducen lentamente. Si se reduce la densidad celular, ocurren movimientos celulares, lo que se asocia con una mayor velocidad de reproducción. Las células del hígado, por ejemplo, normalmente crecen muy despacio, no más rápido de lo necesario para compensar el desgaste. Pero si se elimina un trozo de hígado, las células de alrededor se multiplicarán rápidamente, regenerando el tejido hepático, hasta ser restaurada la deficiencia. En el cáncer, las restricciones sobre la reproducción son eliminadas y la replicación celular es rápida y sin control. A diferencia de las células normales, las células cancerosas también se desplazan frecuentemente hacia tejidos ajenos a su tipo y lugar de origen.

Tumores benignos y malignos

No todos los tumores son cánceres. Hay dos categorías de tumores, y la diferencia es importante. Los *tumores benignos* no son cánceres en absoluto, sino simplemente montones de células que, aunque siguen pareciéndose mucho al tejido del que han surgido —músculo, nervio, grasa, vaso sanguíneo y demás—, han empezado a reproducirse y multiplicarse más rápidamente de lo normal. Los tumores benignos permanecen intactos y crecen solamente por expansión.

Los rasgos de los *tumores malignos* son bastante diferentes. Las células de los tumores malignos no permanecen en un montón circunscrito bien definido, aisladas del tejido que las rodea. Son esencialmente invasivas, y se estiran en columnas que pasan a los tejidos próximos, cruzando las barreras anatómicas, extendiéndose a lo largo de las superficies, diseminándose en los vasos sanguíneos y linfáticos, y reproduciéndose y creciendo generalmente a una velocidad mucho mayor que las células normales. Un cáncer que comience con un pequeño grupo de células habrá de dividirse muchas

veces antes de alcanzar una masa lo bastante grande
para ser detectada. La masa más pequeña detectable es
del orden de 1 gramo. Los cánceres suelen ser fatales
cuando la masa tumoral ha alcanzado de 500 gramos a
un kilogramo. Este tamaño se alcanza en tan solo siete
a 10 duplicaciones de una masa de un gramo.

Mutaciones y cáncer

Los tumores malignos son conjuntos de células
que han sufrido una mutación (cambio) en su material
genético (ADN). La mayoría de las mutaciones importantes son letales: la célula afectada muere y no se produce un daño posterior. Algunas mutaciones, sin
embargo, hacen que las células se reproduzcan de
manera desorganizada y descontrolada, causando un
cáncer. Todas las funciones celulares importantes,
especialmente la reproducción, están bajo el control
del ADN. Desde luego, no necesariamente un ADN
dañado hace que una célula se convierta en cancerosa,
pero ciertas clases de cambios del ADN trastornarán la
regulación genética normal, activarán ciertos genes
productores de tumores conocidos como *oncogenes* y,
de este modo, inducirán cáncer. Cualquier agente que
pueda dañar al ADN es, por tanto, potencialmente
capaz de causar cáncer, y sabemos de una serie de
cosas —radiaciones, ciertos productos químicos y
virus— que pueden causar estos cambios. Las radiaciones y los productos químicos peligrosos hacen su daño
produciendo radicales libres, de modo que éstos se
hallan claramente implicados en la etapa de daño químico al ADN.

Cómo se extiende el cáncer

Los cánceres se diseminan de dos maneras. Socavan e invaden tejidos y estructuras adyacentes, quedando incorporados en ellos y a menudo destruyéndolos. Pero tienen otro modo de diseminarse, más peligroso todavía. Cuando un cáncer invasor encuentra un pequeño vaso sanguíneo, puede crecer a través de la pared hasta alcanzar el torrente sanguíneo, y pequeños conjuntos de células cancerosas pueden entonces ser transportadas por el rápido flujo sanguíneo hasta ser depositadas en otra parte del cuerpo. A esto se lo denomina *metástasis*, y es la causa principal de la muerte por cáncer. Por este medio, las células cancerosas procedentes del pulmón, el colon o la próstata, pueden ser transportadas al cerebro, el hígado o los huesos, estableciendo un nuevo foco y continuando con su crecimiento e invasión en el nuevo emplazamiento. En ausencia de un tratamiento efectivo, el cáncer metastásico es casi siempre fatal. Desgraciadamente, muchas personas con cánceres aparentemente confinados a un solo emplazamiento tienen ya pequeñas metástasis no manifiestas (*micrometástasis*) en distintas partes del cuerpo. Es así que incluso la eliminación quirúrgica radical del tumor primario puede no curar el cáncer, el cual puede aparecer en los nuevos emplazamientos. Es por esta razón que además de la cirugía, en los casos en que se sospecha de tales metástasis, se dan a menudo fármacos anticancerosos, que hacen su efecto en cualquier lugar del cuerpo en que pueda encontrarse el cáncer.

Grados de malignidad

Los cánceres varían enormemente en la velocidad con la que se extienden localmente y, en consecuencia, en la prontitud con que forman nuevas colonias en otras partes. Esta tendencia se denomina *malignidad*, y la malignidad puede ser alta o baja. Un tumor de baja malignidad puede tardar muchos meses o incluso años en causar problemas, y puede no extenderse a lugares distantes por mucho tiempo, si es que alguna vez lo hace. Desgraciadamente, los tumores de malignidad elevada se habrán a veces extendido ampliamente antes de que la víctima tenga la menor noción de que algo va mal. Un patólogo experto puede a menudo decir, examinando con el microscopio una fina tira de tejido canceroso, si es de malignidad alta o baja. En los tumores de baja malignidad, las células se parecen mucho a las del tejido del paciente, y forman agregados que no son muy diferentes en estructura de la del tejido normal del que surgen. Las células muy malignas, en cambio, son células simples «primitivas» con poca o ninguna capacidad para formar tejidos reconocibles. Es esta simplicidad lo que les permite extenderse más fácilmente.

Los efectos del cáncer

Los cánceres son, desde luego, destructivos. Algunos se vuelven muy grandes y causan efectos locales por su mero volumen físico: al comprimir o desplazar importantes estructuras. Erosionan y dañan órganos y vasos sanguíneos, bloquean conductos, destruyen tejidos funcionales vitales, forman conexiones anormales entre órganos y cavidades corporales, promueven las hemorragias internas y la producción de cantidades anormales de fluido, y permiten el acceso a los organismos infectantes.

Por añadidura, los cánceres tienen efectos generales. Éstos son causados por sustancias químicas, a menudo proteínas, liberadas por las células tumorales y transportadas a lo largo del cuerpo por el torrente sanguíneo. Algunas de estas sustancias son semejantes a hormonas y pueden tener efectos ampliamente extendidos y severos. Algunos tumores producen una amplia gama de estas sustancias semejantes a hormonas. Las pequeñas células cancerosas del pulmón, por ejemplo, pueden producir hormonas que afectan a la calcificación del hueso, la mucosa uterina, la producción de las glándulas adrenales, lo que conduce a una elevación de la presión sanguínea y otros efectos, y al funcionamiento de los riñones, lo que conduce a la incapacidad de excretar suficiente agua. Los cánceres de mama y algunos tumores de pecho y riñón pueden producir hormonas que elevan los niveles de calcio en sangre hasta niveles peligrosos, causando vómitos, excesiva micción y coma.

Además de los efectos tipo hormona, los tumores producen una variedad de efectos generales, no todos los cuales son plenamente comprendidos. Éstos incluyen náuseas, pérdida de apetito, anemia, fiebre, sarpullidos en la piel, debilidad, anormalidades de sensaciones gustativas y pérdida de peso severa y progresiva. El resultado final es a menudo un estado gravemente debilitado, con enorme pérdida de peso, conocido como *caquexia*, y que es frecuentemente terminal. La caquexia puede ser el resultado de una mala nutrición, una obstrucción intestinal, una absorción defectuosa de alimento, o simplemente de la pérdida de apetito, que es un rasgo común de los cánceres extendidos. Por añadidura, las células tumorales tienen una mayor exigencia de aminoácidos —los «ladrillos» de las proteínas— que las células normales, y pueden utilizarlos a expensas de los músculos del paciente, de modo que el cuerpo se desgasta. La causa de la muerte en personas con un cáncer extendido suele ser una combinación de diversos factores como la caquexia, las infecciones, las hemorragias internas y la compresión de tejidos vitales —como el cerebro— por una masa tumoral en crecimiento. La verdadera destrucción de las estructuras esenciales es una causa menos común de muerte.

Dieta y cáncer

Se acepta en general hoy en día que la incidencia de muchos de los cánceres que afligen a las sociedades occidentales podría ser reducida modificando nuestra dieta. Gran parte de las pruebas provienen de observar las diferencias en el número de casos de diversos cánceres en poblaciones con distintos hábitos alimenticios. Las dietas occidentales contienen un número asombrosamente grande de diferentes ingredientes, y a los alimentos básicos se les añade una legión de sustancias adicionales: condimentos, saborizantes, potenciadores del sabor, endulzantes, conservantes, colorantes, emulsionantes, disolventes, antioxidantes, estabilizantes, agentes para aumentar el volumen, antiespumantes y otros. Desde luego que se ha experimentado la inocuidad de todos estos compuestos, pero su número mismo, y la posibilidad de que unos pudieran actuar sobre otros con efectos dañinos, imponen un problema importante a los departamentos gubernamentales afectados.

En el momento presente sólo se han identificado unas pocas sustancias de la dieta que puedan causar cáncer. Tales sustancias son conocidas como *carcinógenos*. Un ejemplo de éstas es la *aflatoxina*, veneno producido por un hongo contaminante común de los alimentos, el *Aspergillus flavus*. El aspergillus crece rápidamente en cereales y oleaginosos húmedos, y es un contaminante común de los cacahuetes. Se cree que causa muchos miles de casos de cáncer primario de hígado cada año en países en los que el alimento se conserva en condiciones no satisfactorias. La mayoría de los casos tienen lugar en gentes cuyos hígados ya han sido dañados por la hepatitis B.

Otras sustancias de las que se sabe que causan cáncer incluyen las *nitrosaminas*, producidas por cocinar en exceso o por el humo de las proteínas animales, aunque no se hayan identificado positivamente como una causa de cáncer en el hombre; los *nitratos* y *nitritos* conservantes, que pueden formar nitrosaminas a partir de las proteínas de la dieta; el pescado en salazón, muy comido en el Lejano Oriente y que se cree relacionado con el desarrollo de cáncer en la parte posterior de la nariz; los helechos, que se sabe que causan cáncer en los animales, y que son populares en las dietas japonesas, creyéndose que están asociados con cáncer de esófago. Menos ciertas son las sugerencias de que el cáncer de estómago es causado por alimentos con muchas especias, alimentos muy ácidos como los encurtidos, los nitratos del agua, e irritantes como el alcohol concentrado. Ninguna de éstas ha sido probada de modo definitivo.

Sabemos, sin embargo, que una dieta rica en grasas puede causar cáncer en animales. El Consejo Nacional de Investigación de los EE.UU., en su informe de 1982 *Dieta, alimentación y cáncer*, juzgaba que las pruebas que relacionan la grasa de la dieta y el cáncer en seres humanos eran más fuertes que para ningún otro constituyente de la dieta. Recomendaban, basándose sólo en esto, que el público redujera el consumo de grasas, tanto saturadas como insaturadas. Las pruebas consisten principalmente en el fuerte vínculo, en diversos países, entre el número de casos de cáncer, especialmente de mama y colon, y el consumo de grasas. El número de casos ha crecido proporcionalmente al aumento en la ingestión de grasas, y se ha acentuado también en los inmigrantes que llegan a países con un consumo de grasas superior al de sus países de origen. Recuerda, sin embargo, que una elevada ingesta de grasas casi siempre implica una baja ingesta de fibra, y es probable que el efecto pueda ser causado más por una dieta pobre en fibra que por una dieta rica en grasas.

Investigación a nivel mundial

Es bueno poder informar que, aparte de la gran cantidad de investigación general sobre el cáncer actualmente en progreso —que ya ha hecho sustanciales avances en nuestra comprensión del tema—, están en marcha muchas investigaciones específicas sobre la cuestión de los radicales libres. Hay actualmente en marcha al menos 28 ensayos humanos, patrocinados por el Instituto Nacional Americano del Cáncer, con el fin de descubrir el papel de los factores dietéticos, incluyendo la vitamina E, en el desarrollo del cáncer. En Gran Bretaña también hay muchas investigaciones en marcha. El Fondo Imperial de Investigación del Cáncer, el Consejo de Investigación Médica, la Unidad de Alimentación Dunn, y el Departamento de Medicina Comunitaria de la Universidad de Cambridge, entre muchas otras autoridades, están ocupados en estudios a largo plazo, comprendiendo miles de sujetos, sobre los efectos de los elementos de la dieta en la incidencia de cáncer. La vigilancia incluye la toma de vitamina C, E, A y beta-caroteno por parte de los sujetos. Inmensos proyectos similares están también en marcha en Francia, Alemania, España, Italia, Dinamarca, Suecia, Holanda y Grecia.

Indicadores de la actividad de los radicales libres

En el curso de estos estudios se toman y analizan cientos de miles de muestras de sangre y orina, y, aunque es impracticable a tal escala detectar los radicales libres mismos, estas muestras se examinan, entre otras cosas, en busca de signos de la acción de los radicales libres. Esto se hace por indicadores de altos niveles de oxidación (ver págs. 25-27). Estos indicadores incluyen sustancias como malonaldehído, dienos de grasas (hidrocarburos con dobles enlaces carbono-carbono en la molécula), tioles proteicos dañados (compuestos orgánicos que contienen azufres), y proteínas sanguíneas como la albúmina, que captan los radicales libres. Cuanto mayor sea la actividad de los radicales libres, más elevados serán los niveles de estas sustancias en la muestra de sangre.

Otro modo de comprobar la acción de los radicales libres, de especial significación en el contexto del cáncer, es el grado de daño al ADN por parte de los radicales libres. Esto, también, está siendo vigilado por medio de un cuidadoso examen del ADN en los glóbulos blancos de las muestras. Sabemos que los radicales libres pueden promover reacciones dañinas en cadena en el ADN, y que el daño del ADN puede causar cáncer. El examen del ADN en los glóbulos blancos puede mostrar indicios de separación de la doble hélice, en forma de regiones en las que ha habido apareamiento al azar. En los fumadores, el daño al ADN puede detectarse en células del epitelio bronquial, donde se inicia el cáncer de pulmón. Estas células están siendo constantemente expectoradas, y pueden ser examinadas en busca del número de fragmentos de ADN que aparecen libres en ellas —un índice del daño del ADN causado por los radicales libres.

Hallazgos preliminares

Los informes, hasta hoy, sugieren que las vitaminas C y E, y el beta-caroteno, ofrecen protección contra ciertos cánceres, como el de pulmón, esófago (gaznate), estómago e intestino grueso. En particular, algunos expertos creen que la vitamina C es el más importante elemento protector del cuerpo contra el cáncer de estómago. Esto, si es verdad, resulta especialmente importante, pues el cáncer de estómago es uno de los más peligrosos y más difícilmente detectados, y a menudo está fatalmente avanzado antes de ser diagnosticado.

Todavía nos hallamos a un largo camino de comprender plenamente el papel de los radicales libres en el desarrollo del cáncer. Ni siquiera sabemos si su contribución es grande o pequeña. Hay, sin embargo, algunos puntos muy sugestivos en esta historia, y dado que muchos cánceres son tan temibles, y los antioxidantes —vitaminas C y E— tan seguros, quizá no resulte tan sorprendente que muchos de los investigadores involucrados en este trabajo estén, como el autor de este libro, tomando sus dosis diarias regulares de estas vitaminas.

¿Estás preguntándote a ti mismo si, quizá, deberías estar haciendo lo mismo?

5

¿Aceleran el envejecimiento los radicales libres?

Como la mayor parte de la gente, probablemente pienses que la duración de la vida humana está aumentando cada vez más. No es así de hecho. No existen indicaciones de que la duración natural de la vida humana —aproximadamente 100 años— esté alargándose. Lo que está sucediendo es que la gente está viviendo más y acercándose, o alcanzando, el límite superior normal de edad. Las *expectativas* de vida están aumentando debido a que los avances médicos y tecnológicos están permitiendo que una proporción creciente de personas eviten la muerte antes de completar el ciclo de vida completo. Hoy en día, en las civilizaciones occidentales, y por primera vez en la historia, la mayor parte de la gente puede razonablemente confiar en que llegará a vieja.

¿Qué es lo que establece un límite a la duración de nuestra de vida?

Nadie cree hoy en día que haya un solo gen que controle el envejecimiento o que determine cuánto tiempo va a vivir un individuo. Está quedando claro, sin embargo, que muchos de los cambios característicos de la edad son determinados por un programa genético. Los genes, aunque estén presentes, pueden o no expresarse, y pueden expresarse en diferentes periodos de la vida. El programa que determina si los genes tendrán o no un efecto, puede ser enormemente influenciado por factores ambientales. Uno de estos factores es la dieta.

Un hecho central acerca del envejecimiento es el número de veces que pueden dividirse las células de nuestro cuerpo y así reproducirse, de modo que el daño tisular producido por el desgaste pueda ser reparado. Este proceso de *replicación celular* está funcionando en todo momento en nuestros cuerpos a diferentes velocidades en diferentes tipos de células. Las de los órganos reproductores y las más expuestas al desgaste (como son las de la piel o las de la mucosa intestinal) son las que requieren una división más frecuente.

Cultivando células en el laboratorio

Es posible investigar en el laboratorio el número de veces que pueden tener lugar los ciclos de reemplazo celular. No es difícil disponer una nutrición adecuada para las células, de modo que se pueda conseguir que sobrevivan y se reproduzcan fuera del cuerpo. Los *cultivos de tejidos* de este tipo son ahora algo corriente. Uno de los más famosos es el cultivo HeLa, iniciado hace muchos años a partir de algunas células de cáncer tomadas de una paciente llamada Helen Lane; parece ser inmortal, y está ahora sirviendo a varios propósitos útiles en laboratorios de investigación y de hospitales en todo el mundo. Con tal de que se satisfagan las condiciones de nutrición, el cultivo celular seguirá creciendo sin límite.

Pero las células del cultivo HeLa, y de todos los demás cultivos artificiales similares, son anormales, e incapaces de las muchas e importantes funciones requeridas a las células normales dentro del cuerpo. Son todas células cancerosas, y lo único que pueden hacer es crecer y reproducirse. Las células cancerosas no muestran los cambios característicos en la expresión de los genes que tienen lugar a lo largo de generaciones repetidas de división celular en células normales. Es por ello que a menudo son inmortales.

Cuando se cultivan células *normales*, se encuentra que existe un límite definido al número de veces que pueden reproducirse. Este número ha sido comprobado repetidamente en diferentes ensayos. Las células denominadas *fibroblastos* procedentes de un feto o pequeño bebé doblarán su número entre 40 y 60 veces, y luego morirá el cultivo. La media de 50 duplicaciones de la población es notablemente constante. Pero si se toman células de un hombre de edad madura y se cultivan, el número de duplicaciones antes de que las células mueran se reducirá a unas 25.

Los ensayos han demostrado que el factor limitante no es la edad del cultivo, sino solamente el número de veces que se reproducen las células. Mantener las células en animación suspendida, congelándolas durante varios años, no altera este hecho. Simplemente reanudarán su actividad en el punto donde se quedaron, experimentarán las inmutables 50 duplicaciones, aproximadamente, y luego morirán. Las células de una gama de donantes humanos con edades comprendidas entre el nacimiento y los 90 años muestran una persistente disminución en el número de veces que se reproducen antes de morir el cultivo. Existe una rara enfermedad denominada *progeria*, en la cual, a los 10 años de edad, el paciente tiene toda la apariencia física de una persona de 70. Las células de una persona así muestran sólo de 2 a 10 duplicaciones antes de que el cultivo muera.

Acortamiento de cromosomas

La razón para este número finito de duplicaciones se hizo evidente recientemente cuando el doctor Calvin Harley, bioquímico de la Universidad McMaster, en Hamilton, Ontario, descubrió que las células viejas tienen cromosomas más cortos que las células jóvenes. La pérdida de material genético matará las células. Para impedir la pérdida de material genético vital, los extremos de los cromosomas están compuestos de ADN «basura» carente de significado que no transporta genes algunos y que, aparentemente, puede perderse sin que ello suponga efectos lesivos. Estos segmentos terminales se denominan *telómeros*. A cada división celular, parte de este ADN basura es rebanado. Finalmente, todo el telómero se pierde, de modo que algo del verdadero material genético queda expuesto y es eliminado. Cuando esto sucede, las células afectadas se vuelven irrecuperablemente dañadas. Cuando se pierden los telómeros, los extremos de los cromosomas, que han quedado «desnudos», se unen a veces entre sí, interfiriendo de este modo con la división celular. Las células del cáncer tienen telómeros muy cortos, pero de algún modo se las arreglan para conservarlos; posiblemente por medio de un enzima, cuya existencia se conoce, capaz de construir los telómeros. Las células capaces de conservar sus telómeros pueden continuar dividiéndose indefinidamente, mientras se les suministre una nutrición adecuada.

Este principio de 50 duplicaciones de la población celular parece establecer un límite definido a nuestras expectativas de vida. Pero no quiero decir que, salvo accidentes o enfermedad, vayamos a vivir todos hasta que simplemente nuestras células dejen de dividirse. De hecho, se ha visto que ocurren más de 100 cambios diferentes en la estructura y funcionamiento de las células, mucho antes de que pierdan su capacidad de replicarse. Estos cambios, que aumentan progresivamente conforme se agota el número de divisiones celulares, deterioran gradualmente la capacidad de la célula para llevar a cabo sus funciones apropiadas. Son estos cambios los que producen todos los signos bien conocidos de la vejez y que traen como resultado la muerte del individuo, hacia los 100 años de edad, mucho antes de que las células dejen de dividirse.

¿Deseamos vivir más tiempo?

Se han dirigido muchas investigaciones hacia el estudio de estos cambios celulares, en la esperanza de ser capaces de detenerlos y prolongar la vida. Pero, ¿realmente deseamos vivir más tiempo del «plazo prefijado» —unos 100 años?

Ciertamente, siendo como son en el presente los cambios debidos a la edad, es dudoso si tendría demasiado sentido. He planteado la pregunta a muchos viejos, bastantes de ellos en posesión de todas sus principales facultades, y la opinión general está en contra de la prolongación indebida. Ese punto de vista puede, desde luego, ser un reflejo de las adaptaciones psicológicas que atemperan nuestra percepción de que se acerca el final de la vida, con la capacidad de una aceptación tranquila. Puede también reflejar tal declinar del poder físico o el confort corporal que la vida no se considera algo que merezca la pena vivir.

Es concebible que, si fuera posible frenar la velocidad de envejecimiento celular, el aspecto de una persona de 90 años bien conservada podría llegar a parecerse al de un hombre o una mujer contemporáneos en la flor de la vida. En muchos individuos excepcionales, como Linus Pauling, así es, incluso hoy en día. Pero, en la etapa presente de avances médicos, y aceptando el inevitable deterioro físico producido por la edad, haríamos bien en contentarnos con la duración de la vida que es normal en el presente, y considerarnos afortunados si la alcanzamos. Nadie discutirá, de todos modos, los méritos de una vida larga, saludable y activa, o la importancia de investigar los factores que acortan o dañan la calidad de vida.

¿Qué es el envejecimiento?

Sobre esta cuestión no existe un acuerdo general entre los expertos. A pesar de tanta investigación y del desarrollo de una disciplina biológica completamente nueva conocida como *gerontología*, existen todavía controversias fundamentales. Algunos adoptan el punto de vista rectilíneo de que el envejecimiento no es más que la totalidad del daño celular y tisular sufrido durante la vida y que no ha sido reparado. Dicho daño acumulado es, claramente, un importante elemento del envejecimiento, pero no es necesariamente toda la historia.

El biólogo de la evolución George C. Williams, de la Universidad del Estado de Michigan, ha propuesto una ingeniosa teoría del envejecimiento. Señaló que algunos genes no comienzan a operar en detrimento del individuo hasta bien pasada la madurez. Genes que son destructivos en etapas posteriores de la vida pero

ventajosos anteriormemte, son pasados por las personas
a sus hijos antes de que ellos mismos sean afectados por
estos genes. Tales genes, por tanto, no son eliminados
por selección natural. La naturaleza está interesada en
la continuidad de las especies, no en la continuidad del
individuo. Se han identificado una serie de tales genes.
El biólogo T. B. L. Kirkwood, del Instituto Británico
de Investigación Médica, señala que, en un contexto
evolucionista y de supervivencia, cualquier especie debe
compartir su energía entre el mantenimiento del cuerpo y la eficiencia en la reproducción. Esto implica una
atención incompleta a la reparación corporal, con un
deterioro y una muerte inevitables.

Los radicales libres y el envejecimiento

En términos generales, la teoría de los radicales
libres sobre el envejecimiento propone que éstos se forman más fácilmente y en elevada cantidad en las personas de mayor edad. Sabemos que los radicales libres
pueden dañar cualquier tejido del cuerpo. Las membranas externas de las células, que contienen material
graso como el colesterol, son especialmente susceptibles al daño por peroxidación de las grasas debida a
radicales libres. Dicho aumento en la producción de
radicales libres, y en el daño producido por los mismos,
podría ser el resultado del efecto acumulativo de las
influencias ambientales, o de una reducción en la disponibilidad corporal de antioxidantes, posiblemente
por una disminución, relacionada con la edad, en la
actividad de los antioxidantes naturales.

Hemos visto cómo la enfermedad arterial de la aterosclerosis tiene graves y extendidos efectos dañinos.
Esta enfermedad, obviamente, contribuye de un modo

importante a los cambios corporales debidos al envejecimiento. También he destacado la estrecha relación
entre la oxidación de las lipoproteínas de baja densidad
por los radicales libres y el desarrollo de aterosclerosis.

La tercera conexión entre los radicales libres y el
envejecimiento es su indudable efecto sobre el ADN.
No todo el ADN aparece en los cromosomas. Todas las
células contienen miles de pequeños corpúsculos productores de energía conocidos como *mitocondrias*, las
cuales también contienen un genoma de ADN. Resulta
interesante que el ADN mitocondrial se halle en la
parte no nuclear de la célula, y derive, por tanto, del
óvulo, no del esperma. Se hereda, por consiguiente,
sólo de la madre. Se sabe hoy en día que el ADN mitocondrial es especialmente vulnerable a los daños producidos por los radicales libres, posiblemente debido a
que está muy relacionado con las reacciones químicas
oxidativas. Cualquier daño causado por los radicales
libres a este ADN y que no haya sido reparado tendrá
un grave efecto sobre el funcionamiento continuado de
la célula. Los científicos han estimado que los radicales
libres del oxígeno son responsables de unos 10.000
cambios de bases (mutaciones) del ADN cada día. La
gran mayoría de estos cambios son reparados automáticamente, pero ni siquiera el más eficiente mecanismo
reparador podría difícilmente corregir toda mutación.

El papel de los antioxidantes

Está establecido hoy en día que existe una conexión positiva e importante entre la dieta y la longevi-
dad. En muchas especies animales, el lapso de vida
puede ser incrementado hasta un 50 por 100 por
medio de una adecuada modificación de la dieta. Si esta

mejora se debe a una reducción en la acción de los radicales libres, de modo que los antioxidantes del cuerpo puedan funcionar más desahogados, es algo que está por ver. Existen evidencias de que ratas con dietas bajas en calorías sufren menos daño por radicales libres en sus proteínas corporales —los materiales esenciales de construcción del cuerpo— que las que siguen dietas sin restricción. Esto puede deberse a que tienen mayores cantidades de los importantes enzimas que protegen contra los radicales libres (ver págs. 28-29). Es improbable que los antioxidantes sean toda la historia, pues se sabe que en ratas que viven más tiempo con dietas restringidas existe un aumento de la expresión de ciertos genes en el tejido hepático. De modo que probablemente también estén involucrados factores genéticos.

Existen, sin embargo, pruebas más directas del aumento de la acción de los radicales libres con la edad. Los científicos de la Universidad de Kentucky han estado estudiando el rendimiento de los jerbos recorriendo laberintos. Los jerbos viejos cometen, por término medio, el doble de errores que los jerbos jóvenes. Pero si a los jerbos viejos se les da durante dos semanas un antioxidante que atrapa los radicales libres, la butil alfa-fenil nitrona (PBN), su rendimiento mejora, hasta el punto de ser tan bueno como el de los jerbos jóvenes. Cuando se dejó de administrar la PBN, volvieron a cometer tantos errores como antes.

Las proteínas que han sido dañadas por oxidación con radicales libres pueden ser detectadas por medio de análisis altamente sensibles que determinan los fragmentos de aminoácidos (grupos carbonilo) liberados en el curso del daño. Los exámenes *post mórtem* de cerebros humanos han mostrado un mayor número de estos grupos en ancianos que en jóvenes. Es probable que los antioxidantes puedan compensar la deficiencia

progresiva, relacionada con la edad, de los antioxidantes naturales que «friegan» los radicales libres en gente
más joven.

El investigador Thomas Johnson, de la Universidad de Colorado, ha sido capaz de criar una cepa de
lombrices intestinales con un ciclo de vida que es más
del doble que el de otros miembros de la misma especie. Lo que es notable en estas lombrices de larga vida
es que tienen niveles significativamente superiores de
los enzimas superóxido dismutasa y catalasa (ver página 28) que sus amigas menos afortunadas. Estos enzimas son antioxidantes naturales, y son exactamente
iguales que los que protegen a los seres humanos contra los radicales libres.

Ya en 1956, el científico investigador D. Harmon,
escribiendo en el *Journal of Gerontology*, sugirió que los
radicales libres probablemente estén involucrados en el
proceso de envejecimiento. Desde entonces, la teoría
del envejecimiento por los radicales libres ha llegado a
ser ampliamente aceptada. Los gerontólogos creen
ahora, en general, que el daño de los radicales libres a
los tejidos es un factor central en el desarrollo de la
mayoría de las enfermedades relacionadas con la edad
—aterosclerosis, artritis, cataratas, artritis reumatoide,
desórdenes de pulmón, deterioro de la piel, y probablemente cáncer.

Earl R. Stadtman, jefe del laboratorio de bioquímica en el Instituto Nacional del Corazón, el Pulmón y la
Sangre, de los Institutos Nacionales de la Salud de
EE.UU., en Bethesda, Maryland, escribiendo en *Science*, revista científica americana de alcance general, en
agosto de 1992, resumió los actuales puntos de vista
científicos sobre la oxidación de las proteínas por los
radicales libres y el envejecimiento. Confirmó la opinión general de que los radicales libres son responsa-

bles de un gran daño a las membranas celulares y el ADN, y describió con detalle el modo en que las proteínas son atacadas por los radicales hidroxilo (ver páginas 21, 8), producidos por las radiaciones y el ozono, y por los radicales hidroxilo, y otros, producidos en el cuerpo. Las pruebas que aporta sugieren que hasta un 50 por 100 de las proteínas celulares de los viejos podrían estar presentes en forma dañada, oxidada.

Este terco científico finaliza su escrito con la siguiente afirmación, cuidadosamente restringida: «... existen motivos para la esperanza de que pueda encontrarse una intervención farmacológica que mejore los desórdenes relacionados con la edad.» En otras palabras, tenemos motivos para creer que llegue a ser posible prevenir los signos del envejecimiento tomando vitaminas antioxidantes.

¿Qué piensas tú?

6

Los radicales libres
y tus ojos

Conforme la literatura médica sobre los radicales libres y los antioxidantes crece, se demuestra que son afectados un número cada vez mayor de sistemas corporales y de afecciones médicas. Aunque, hasta ahora, el sistema visual ha recibido relativamente poca atención, el interés está creciendo y es probable que, a no tardar mucho, se vea que bastantes de los desórdenes oculares son ocasionados por un daño causado por radicales libres. Un importante desorden ocular, que afecta a millones de personas y causa gran malestar, ha incitado, sin embargo, una serie de proyectos de investigación muy interesantes y productivos. Esta afección son las cataratas.

Cataratas

Las cataratas no tienen nada que ver con la lente externa del ojo —la córnea— y, frente a lo que comúnmente se cree, no es una «piel» que crece sobre alguna parte del ojo. Es simplemente la pérdida de transparencia de la lente interna de enfoque del ojo —la lente del «cristalino»—, que se halla inmediatamente detrás del iris coloreado y que sólo puede verse a través de la pupila. El nombre surgió hace siglos a partir de la fantasiosa idea de que la blancura de la pupila —que sólo puede verse en casos descuidados durante largo tiempo— era una especie de catarata de agua que descendía del cerebro. En unas cataratas densas, la pupila puede ciertamente parecer blanca, pero esta apariencia se debe a una «desnaturalización» de las delicadas fibras proteicas de la lente, de manera similar a los cambios que tienen lugar en la clara de un huevo cuando se cuece.

Ni siquiera la catarata más densa elimina enteramente la percepción de la luz, de modo que, aunque las cataratas puedan empañar cualquier imagen útil, nunca causan una ceguera completa en el sentido de que no se vea nada en absoluto. Un ojo que no puede percibir luz alguna en absoluto tiene algo de más gravedad que unas simples cataratas. A menudo, la opacidad afecta sólo a la parte trasera de la lente, de modo que una persona puede padecer un grave defecto de visión, y, sin embargo, tener un ojo de apariencia perfectamente normal.

Causas de las cataratas

Aunque las cataratas pueden ser producidas por una infección vírica anterior al nacimiento, lesiones penetrantes o no, una diabetes severa, el síndrome de Down y diversas otras causas, la gran mayoría de las cataratas simplemente aparecen, aparentemente de modo espontáneo, en personas de edad avanzada. La mayor parte de la gente con más de 75 años tiene alguna pérdida detectable de claridad visual debida a cataratas. Muchas tienen un grado señalado de deterioro visual, pero debido a que los efectos de las cataratas de la vejez sobre la visión llegan tan gradualmente, y a que la adaptación es tan buena, un gran número de personas con opacidades bastante severas negarán que algo vaya mal.

Finalmente, no obstante, muchos descubren que no pueden leer o siquiera ver la televisión de modo satisfactorio. Desgraciadamente, muchas personas que se encuentran en esta siuación aceptan su incapacidad como un rasgo «normal» del envejecimiento y no hacen nada al respecto. Es una pena, pues los resultados de la cirugía de cataratas, con implantación de lentes intraoculares —suponiendo que no ande mal ninguna otra cosa en el ojo— son excelentes, y las operaciones de cataratas se encuentran entre los procedimientos quirúrgicos de mayor éxito. En verdad, la afección es tan remediable que los cirujanos oftalmólogos que se enfrentan a pacientes con pérdida severa de la visión suelen desear mentalmente que el problema sean unas cataratas. A pesar de ello, la perspectiva de una operación en los ojos suele atemorizar, a veces incluso aterrorizar, al paciente.

Síntomas de las cataratas

Las cataratas no pueden causar dolor, y nunca lo hacen. Su único efecto se da sobre la calidad de la visión. La afección sobreviene de forma casi imperceptible, y casi siempre progresa muy lentamente. Generalmente, el progreso de la opacificación es persistente, pero a veces hay breves aceleraciones seguidas de periodos más largos en los que no se evidencian apenas cambios. Muchas cataratas alteran el modo en que diferentes longitudes de onda pasan a través de la lente, de modo que la luz roja y amarilla puede pasar más fácilmente que la luz azul. Una vez más, este efecto es gradual y puede no advertirse fácilmente, pero después de la cirugía de cataratas es corriente que los pacientes exclamen con placer ante el desacostumbrado color del cielo o de los objetos azules.

Otro efecto del aumento en la densidad de las lentes es un incremento de su facultad de doblar los rayos luminosos. Esto se conoce como un aumento del *índice de refracción* de la lente. El resultado es que la persona afectada puede gradualmente volverse cada vez más corta de vista. Esto a menudo le permite, al menos por un tiempo, leer sin gafas de lectura, y puede incluso promover la ilusión de que la visión está mejorando. La capacidad de distinguir los detalles próximos va, sin embargo, casi siempre acompañada de empañamiento respecto a los objetos distantes. La gente que se halla en esta situación compra a veces una sucesión de gafas cada vez más fuertes para la visión a distancia, y se gasta un montón de dinero en una búsqueda de la claridad visual que carece en último término de esperanzas. No hay ningún daño en esto, excepto para la cuenta bancaria.

El síntoma más importante de las cataratas es una pérdida progresiva de claridad visual en el centro del área de visión. Esto es muy molesto e incapacitante, especialmente si las opacidades de la lente causan dispersión de la luz. Algunas personas comprenden por primera vez que algo va mal cuando descubren que han de abandonar la conducción nocturna por el peligroso brillo enceguecedor de los faros de los coches que se acercan. Muchos, por otro lado, no se percatan de tales efectos, y simplemente reconocen que no pueden ver tan bien como solían.

Una vez que las proteínas de la lente se han desnaturalizado y las fibras desorganizado, no hay modo de restaurar la transparencia. El único remedio es eliminar

por completo la lente opaca y reemplazarla por el
implante de una diminuta lente plástica, ópticamente
perfecta, con una potencia calculada para enfocar el ojo
correctamente.

Cataratas y radicales libres

Los mecanismos de desarrollo de las cataratas relacionados con la edad son todavía materia de discusión,
pero cada vez se está volviendo más obvio que la oxidación de las proteínas de la lente son un importante factor. Las finas fibras de proteína de las que están hechas
las lentes internas son transparentes en sí mismas. La
transparencia de la lente en su conjunto depende de la
homogeneidad de diámetro de estas fibras, y de la uni-
formidad y paralelismo con la que se depositan en la
lente. Cuando la proteína se daña, se pierde esta uni-
formidad de estructura, y las fibras, en vez de transmitir
la luz de un modo homogéneo, hacen que se refracte
irregularmente e incluso que se refleje. El resultado es
una visión gravemente defectuosa.

Las pruebas para el punto de vista de que las cataratas relacionadas con la edad puedan deberse al daño
por radicales libres, son indirectas, pero muy fuertes, y
se basan mayormente en las diferencias entre los niveles
de antioxidantes en los cuerpos de personas con cataratas comparados con los de personas semejantes con
lentes claras. Estos ensayos se han comunicado en
diversas y respetables revistas médicas y científicas
como *British Medical Journal*, *Archives of Ophthalmo-
logy*, *Annals of the New York Academy of Science* y *American Journal of Clinical Nutrition*.

Uno de los estudios más impresionantes fue llevado a cabo en el Departamento de Ciencias Biomédicas

de la Universidad de Tampere, Finlandia, y publicado en el *British Medical Journal* en diciembre de 1992. En este proyecto se compararon 47 personas con cataratas y un grupo comparable, cuidadosamente seleccionado, de 94 personas con lentes claras. Los «controles» normales se seleccionaron de modo que fueran lo más similares posible a quienes tenían cataratas, en cuanto a edad, sexo, ocupación, historial como fumadores, niveles de colesterol en sangre, peso corporal, tensión sanguínea y la presencia o ausencia de diabetes. Se tomaron muestras de sangre de todos ellos, y se analizó, por métodos altamente sensibles, los niveles de vitamina E y beta-caroteno.

Los resultados mostraron que había una relación importante entre los niveles de vitamina E y de beta-caroteno y la probabilidad de tener cataratas. Se encontraron bajos niveles sanguíneos de estas vitaminas antioxidantes en el grupo con cataratas; y niveles más elevados en los controles con lentes claras. Las personas con deficiencia de ambas vitaminas tenían una probabilidad de padecer cataratas dos veces y media superior a la de quienes tenían niveles superiores. Los autores del estudio concluyeron:

> Bajas concentraciones séricas de las vitaminas antioxidantes alfa-tocoferol (vitamina E) y beta-caroteno son factores de riesgo para las cataratas seniles en su etapa final. Los ensayos controlados del papel de las vitaminas antioxidantes en la prevención de cataratas están por tanto garantizados.

Otro estudio, llevado a cabo en Canadá y comunicado en una conferencia internacional, comprendió 175 pacientes de cataratas y el mismo número de personas con lentes claras. Una vez más, este estudio mostró una diferencia significativa en cuanto al consumo de vitaminas E y C en ambos grupos. Quienes habían tomado vitaminas C y E suplementarias durante cinco años o más, eran significativamente más numerosos en el grupo con lentes claras que en el grupo con cataratas. El profesor James Robertson, epidemiólogo y jefe del proyecto, dijo: «Las vitaminas C y E suplementarias se asocian con una significativa reducción en el riesgo de cataratas.»

Los radicales libres y la luz ultravioleta

Muchos científicos sospechan ahora que al menos una fuente de radicales libres productores de cataratas es la luz ultravioleta, que se halla presente en grandes cantidades en la luz del sol. Algunos han sugerido incluso que ésta es la razón por la cual las cataratas aparecen mucho antes en países como la India que en áreas más templadas. Es un hecho ya bien establecido que la radiación ultravioleta produce radicales libres en los tejidos. La luz ultravioleta es la causa de las quemaduras de sol y del daño a la piel, relacionado con la edad, que se encuentra en gente con una historia de larga exposición a la luz del sol (ver págs. 97-98). Éstos son efectos de los radicales libres. Es también la causa de mucha irritación del ojo externo, y de la afección del *pterygium* en la que un pliegue de la membrana que cubre el blanco del ojo (la conjuntiva) se desplaza cubriendo la córnea. Los tejidos superficiales del ojo, por su transparencia, son muy susceptibles a la luz ultravioleta, y, a la vista de los descubrimientos recientes, es casi seguro que estos cambios sean inducidos por los radicales libres.

Debido a que la lente interna del ojo es protegida por la córnea y por una capa de agua situada detrás de

la córnea, ambas de las cuales absorben parcialmente la
luz ultravioleta, los oftalmólogos no han estado tan dis-
puestos a aceptar que la luz ultravioleta sea una importante causa de cataratas. En años recientes, sin embargo, este punto de vista ha obtenido un apoyo creciente.
La idea de que los radicales libres se hallan implicados
es apoyado por una investigación dirigida en la Universidad de Maryland por el profesor Shambu Varma, bioquímico. Las lentes aisladas, expuestas a fuertes estreses
de luz, se nublaban, pero esto podía impedirse si la
solución en la que se colocaban las lentes contenía
antioxidantes. El profesor Varma recomendaba también que la gente tomara vitaminas C y E suplementarias, al menos desde aproximadamente los 40 años,
para proteger las lentes contra una posterior formación
de cataratas.

Radicales libres y ojo del prematuro

Los bebés muy pequeños deben a menudo ser cria-
dos en las atmósferas de oxígeno de las incubadoras a
fin de preservar sus vidas. Desgraciadamente, todos los
especialistas del ojo se han familiarizado con los devastadores efectos de un exceso de oxígeno sobre los ojos
de estos bebés prematuros. Un exceso de oxígeno produce radicales libres, y los tejidos inmaduros de los
bebés son especialmente vulnerables a sus efectos lesivos. Se produce un grave daño de la retina y un brote
anormal de racimos y enredos de nuevos vasos sanguíneos que producen una masa blanca detrás de la lente
conocida como *fibroplasia retrolental*, capaz de oscure-
cer por completo la visión. También puede tener lugar
un desprendimiento de retina, así como altos grados de
miopía.

Estos trágicos resultados se han visto muy frecuentemente en el pasado en bebés muy pequeños que han tenido que ser incubados. Felizmente, ahora que los doctores han despertado al riesgo y vigilan cuidadosamente la cantidad de oxígeno aportada, los casos graves son mucho menos comunes. Hoy en día, los efectos suelen limitarse a cicatrización y distorsión de las retinas y, desde luego, varían ampliamente. En un estudio de 572 bebés con un peso de nacimiento por debajo de los 1.700 gramos, la mitad tenía signos visibles del desorden. Afortunadamente, la gran mayoría de éstos se resolvieron sin tratamiento. Como cabría esperar, cuanto menor era el peso de nacimiento y más corto el embarazo, mayor la gravedad. Los pediatras a menudo han de tomar muy difíciles decisiones, en las que deben contrapesar el riesgo para la vida del bebé frente al riesgo para su visión.

El ojo del prematuro es vulnerable debido a que ya tiene un abundante suministro de oxígeno y una velocidad de oxidación desacostumbradamente alta. Tiene asimismo un número de mitocondrias muy superior a lo normal (ver págs. 69-70). Los bebés recién nacidos tienen niveles sanguíneos reducidos de vitamina E. Éstos se elevan a la normalidad en el plazo de dos o tres semanas, pero en el caso de los bebés prematuros esto lleva más tiempo. Tales bebés, por consiguiente, tienen menos protección antioxidante de la que precisan.

Ha sido, por tanto, muy tentador tratar a los bebés prematuros con suplementos de vitamina E. En esto se necesita una gran precaución. No todos los radicales libres son antagonistas para el cuerpo. Los radicales libres son el medio por el cual ciertas células del sistema inmunitario matan bacterias y virus. Es relativamente fácil que en bebés muy pequeños se alcancen niveles muy elevados de vitamina E en sangre, y esto puede interferir con la necesaria acción contra los gérmenes. La concentración normal de vitamina E en la sangre del adulto es de unos 0,8 miligramos por cada 100 centímetros cúbicos (100 mililitros). Algunos bebés tratados con vitamina E han tenido concentraciones de hasta 5 miligramos por 100 centímetros cúbicos, y se ha constatado una incidencia aumentada de infecciones intestinales graves en los bebés que reciben semejantes dosis. Por este motivo, aunque algunos ensayos han mostrado un descenso significativo en los problemas oculares debidos a los radicales libres, el uso de la vitamina E en bebés prematuros sigue siendo altamente controvertido.

Lo que este trabajo indica, no obstante, es que la vitamina E es una poderosa sustancia capaz de tener importantes efectos en el cuerpo, y que debería ser tratada con respeto. La gente a menudo opera basándose en el principio de que, tratándose de algo bueno, nunca puede uno pasarse. Este principio ciertamente no se aplica en el contexto del autotratamiento con algunas de las vitaminas. No hay razones para suponer que dosis razonables de vitamina E puedan causar daño alguno a niños y adultos. El exceso de vitaminas A y D puede ciertamente ser dañino (ver págs. 117, 127). La vitamina C parece ser notablemente inocua.

Las pruebas sobre el valor protector de las vitaminas C y E contra las cataratas son muy persuasivas. Tal vez ésta sea otra buena razón para pensar en tomarlas, especialmente si has alcanzado ya la flor de la vida.

7

¿Inhalas radicales libres?

Fumar es con mucho el uso más peligroso de sustancias adictivas, y, pese a la enorme cantidad de anuncios y de presión en su contra, sigue siendo, por desgracia, una de las principales preocupaciones sanitarias de hoy en día. Por cada muerte debida a un cáncer de pulmón causado por el tabaco, hay tres muertes por otras enfermedades relacionadas con el tabaco. Se espera que el tabaco cause 2.100.000 muertes en 1995 sólo en los países desarrolados. Durante la década de los 90, el tabaco causará aproximadamente el 30 por 100 de todas las muertes en el grupo de 35 a 70 años de edad, convirtiéndolo en la más importante causa de muerte prematura. Aunque un gran número de personas han sido ya capaces de dejarlo, y el tabaco, en más de un sentido, se ha convertido en un divisor social, hay todavía muchos que parecen incapaces de conquistar esta adicción. Recientes investigaciones sobre la relación entre los radicales libres y el efecto lesivo del tabaco pueden, espero yo, proporcionar a algunos fumadores una mejor motivación para acabar con esta peligrosa práctica.

¿Por qué fuma la gente?

Ésta es una pregunta que los fumadores a menudo se hacen a sí mismos, y que suelen tener dificultades para responder. Obviamente tiene algunas ventajas, pero no parecen particularmente atractivas. Hay un placer en observar la perfección geométrica de un cigarrillo nuevo. Poner cosas en nuestra boca supone una satisfacción básica conocida como *gratificación oral*. Está la ligera elevación del ánimo experimentada en los 10 primeros segundos tras la primera calada, y el alivio de la sensación de tensión que impulsó a la persona a fumar. Existe un placer adquirido en el sabor del tabaco. Muchas personas disfrutan ofreciendo cigarrillos a sus amigos. Algunas personas no saben qué hacer con sus manos cuando están en compañía, y han descubierto que los cigarrillos resuelven este problema. Éstas son las razones por las que la gente actúa tan gravemente en contra de sus propios intereses, derrocha dinero, contrae un mal aliento, un mal olor corporal y dedos manchados, y daña sistemáticamente muchos de los sistemas de sus cuerpos, de modo que, incluso si no sucede lo peor, es probable que su calidad de vida a largo plazo se vea sustancialmente reducida.

¿Por qué la gente no echa el freno?

Hoy en día todo el mundo sabe que fumar cigarrillos es peligroso y dañino, y, sin embargo, millones de personas continúan fumando. ¿Qué es lo que impide a tanta gente dejarlo? La verdad es que siempre resulta fácil encontrar razones o excusas para continuar haciendo lo que deseamos hacer. A esto se le llama *racionalización*, y todos utilizamos con regularidad este conveniente mecanismo psicológico. Las racionalizaciones sobre el tabaco incluyen que se trata de una drogadicción y que, por tanto, es imposible de detener; que los doctores no saben realmente de qué están hablando; que las evidencias sobre el cáncer son todas estadísticas y, por tanto, sospechosas; que el abuelo fumó toda su vida, y vivió hasta los 90 como una rosa; y así sucesivamente. Las racionalizaciones no tienen nada que ver con la lógica, aunque a menudo posean una especie de seudológica.

La gente fuma porque el impulso de autogratificación es poderoso, central y natural. Hemos de reconocer esto y admitir que el impulso es una de nuestras más importantes fuerzas motivadoras. Sería de desear que la rendición a este impulso estuviera bajo el control de la razón, y que fuéramos capaces de identificar y evitar actos de gratificación inmediata a corto plazo que probablemente tengan efectos no gratificantes a largo plazo. Aparentemente no sucede así. Incluso el más inteligente de nosotros sucumbe regularmente al deseo de autogratificación, aun sabiendo que la actividad en que incurrimos puede ser gravemente dañina.

Por qué continúan los fumadores

La mayor parte de los fumadores desean dejar el tabaco, pero encuentran grandes dificultades para hacerlo. Hay muchas razones para ello. Los cigarrillos son baratos y se obtienen muy fácilmente. Son fáciles de llevar y de calidad consistente. No presentan riesgos de sobredosis. No producen intoxicación, habla farfullante, ni marcha vacilante. Prácticamente no hay ocasión que no pueda ser convertida en una ocasión de fumar, y son muchas las ocasiones que han llegado a relacionarse con el tabaco, como un reflejo condicionado automático. La gente fuma después de una comida, tras la relación sexual, antes de cualquier ocasión importante, después de cualquier ocasión importante, y así sucesivamente. Si estamos ansiosos, un cigarrillo puede calmarnos; si deprimidos, un cigarrillo puede elevarnos el ánimo.

Otra razón para que la gente continúe fumando es que sus motivos para dejarlo no suelen ser efectivos. Los fumadores no se toman realmente en serio las estadísticas sobre el riesgo de cáncer de pulmón. Esto probablemente se deba a que las cifras no transmiten el horror real de esta terrible enfermedad, y debido a lo fácilmente que rehusamos creer algo que amenace nuestra comodidad. Las razones emocionales no funcionan; tampoco las razones lógicas. Incluso así, creo que las razones lógicas son mejores que las emocionales y, en la esperanza de que una explicación del modo en que el tabaco daña al cuerpo pueda proporcionar dicha razón lógica, animaría a los fumadores, o a los amigos y familiares de los fumadores, a que siguieran leyendo.

Los radicales libres y el tabaco

El humo del cigarrillo contiene una mezcla muy asquerosa de radicales libres, y algunas de las miles de sustancias presentes en el humo inhalado y absorbidas en el cuerpo mientras se fuma pueden también producir radicales libres. Los radicales libres producen muchos, si no la mayoría, de los graves efectos sobre el cuerpo que se asocian con el tabaco, especialmente los dañinos efectos sobre las arterias. El doctor Hermann Esterbauer, de la Universidad de Graz, Austria, prominente investigador sobre los efectos biológicos de los radicales libres, señala que el tabaco, un factor de riesgo para el ataque cardiaco conocido desde hace mucho tiempo, conduce a la oxidación de las lipoproteínas de baja densidad (LDL) por radicales libres, probablemente por los radicales libres extra producidos en el cuerpo por los ingredientes del humo absorbido.

Hay también una creciente especulación en cuanto a que el riesgo de cáncer por culpa del tabaco se deba mayormente a los radicales libres. Esta especulación se basa en algunas evidencias bastante fuertes. Como hemos visto, aunque los radicales libres son difíciles de detectar directamente, hay varios modos indirectos de determinar si han estado atareados. Pueden detectarse productos de la degradación oxidativa de proteínas, así como indicadores de daño oxidativo del ADN. Cuando se daña el ADN, inmediatamente trata de repararse. Este trabajo de reparación es hecho por unos enzimas denominados *exonucleasas.* Cuando estos enzimas se ponen a trabajar liberan un compuesto denominado 8-hidroxi-deoxiguanosina. Éste llega a la sangre y es excretado con la orina.

En el número de diciembre de 1992 de *Carcinogénesis,* revista científica sobre el cáncer, aparece un informe de científicos investigadores de la Universidad de Copenhague, la Universidad de Ärhus y el Registro Danés del Cáncer. Este informe da los resultados de un experimento en el que las cantidades de aquel compuesto, corriente en la orina de fumadores, fueron comparadas con las cantidades en la orina de los no fumadores. Las cifras hablan por sí mismas. La orina de los fumadores contenía un 50 por 100 más de 8-hidroxi-deoxiguanosina que la de los no fumadores. Esto significa que el ADN de los fumadores está padeciendo una velocidad de daño considerablemente mayor que la de los no fumadores.

Este daño adicional podría provenir de los radicales libres presentes en el humo del cigarrillo, o de los radicales libres producidos en el cuerpo. Sabemos que los fumadores tienen una velocidad metabólica (la velocidad de construcción y degradación de los principios bioquímicos del cuerpo) superior a la de los no fumadores: de un 10 a un 15 por 100 superior. El aumento en la velocidad metabólica acelera todo tipo de vías de reacciones bioquímicas, y algunas de éstas producen radicales libres.

Sería bastante equivocado que te quedaras con la impresión de que los investigadores creen que los radicales libres son la causa más importante del cáncer inducido por el tabaco. Hay abundantes pruebas de que se hallan en funcionamiento también otros mecanismos, especialmente los efectos de la unión al ADN de ciertos hidrocarburos aromáticos que se encuentran en el humo de los cigarrillos. No obstante, el interés presente por el papel de los radicales libres en este contexto es intenso.

Los antioxidantes y el riesgo de cáncer

El chivato indicador de daño al ADN, presente en la orina de fumadores, los convierte en sujetos particularmente adecuados para investigar si antioxidantes como las vitaminas C y E, y el beta-caroteno, pueden reducir el riesgo de cáncer. Muchos de los que trabajan en esta área creen hoy en día que ha llegado el momento de hacer pruebas a largo plazo con los antioxidantes. Existen, sin embargo, dificultades. Las personas que saben lo que el tabaco puede hacer al cuerpo humano tienen escrúpulos éticos sobre cualquier avance que pueda animar a los fumadores a continuar. Los científicos implicados se esfuerzan, no obstante, por señalar que un trabajo de este tipo *no* se emprende en la esperanza de volver más seguro el tabaco.

Además de comprobar la presencia de 8-hidroxideoxiguanosina en la orina, hay otros modos de detectar la velocidad del daño producido al ADN por los radicales libres. El cáncer de pulmón no es realmente un cáncer de la sustancia misma del pulmón, sino de la mucosa (el *epitelio*) de los tubos de aire (*bronquiolos*) de los pulmones. El carcinoma bronquial —término médico para el cáncer de pulmón— se inicia en el epitelio. Los investigadores están, por tanto, enormemente interesados en las células epiteliales presentes en el esputo expulsado. Cuando la división celular es defectuosa —un rasgo inicial de un cambio en dirección hacia el cáncer— quedan pequeños trozos de ADN en el fluido interno de las células epiteliales. Estos fragmentos se llaman *micronúcleos* y, por supuesto, la proporción de ellos tiene gran importancia.

En un informe del *British Journal of Cancer* de finales de 1992, el investigador Geert van Poppel y sus colegas describen cómo la proporción de micronúcleos en las células epiteliales esputadas por los fumadores puede ser reducida en un 30 por 100 tomando grandes dosis del antioxidante beta-caroteno.

Este resultado, aunque del mayor interés científico, ha alarmado a algunos de los científicos comprometidos con este problema. El profesor Richard Peto FRS, epidemiólogo, del Fondo Imperial para la Investigación del Cáncer, en Oxford, está preocupado porque las noticias sobre el valor de los antioxidantes puedan conducir a los fumadores a creer que pueden continuar sin riesgos en tanto en cuanto que tomen sus vitaminas. Señala que aún es demasiado pronto para decir que el daño producido al ADN por los radicales libres es la razón más importante de la elevada incidencia de cáncer entre los fumadores.

Tanto si resulta ser así como si no, el tabaco seguirá siendo una de las actividades humanas más peligrosas.

El tabaco y los desórdenes genéticos

Epidemiólogos de la Universidad de Carolina del Norte han llevado a cabo recientemente un importante estudio de 15.000 niños nacidos entre 1959 y 1966. Demostraron que los hijos de hombres que, antes del nacimiento, habían fumado más de 20 cigarrillos al día, tenían el doble de probabilidades de padecer ciertos defectos genéticos como labio y paladar hendidos y desórdenes congénitos de corazón. Otro estudio asociado, realizado por científicos del Instituto Nacional de Salud Ambiental de Carolina del Norte, en los EE.UU., encontró que la leucemia y el cáncer de nódulos linfáticos eran dos veces más comunes en los hijos de varones fumadores que en los de no fumadores. Los tumores cerebrales eran también significativamente más comunes. Es interesante que el efecto parezca deberse al ADN del esperma y no al ADN del óvulo. No se ha encontrado ninguna relación genética que pueda atribuirse al hecho de que la madre fume. Esto probablemente se deba a que las células que forman el esperma se hallan más a menudo en estado de división (mitosis) que las de los óvulos. Las mutaciones tienen lugar mayormente durante la mitosis debido a que la actividad reparadora es temporalmente detenida durante esta fase.

Informando sobre estos descubrimientos en una conferencia internacional sobre las causas ambientales del cáncer en febrero de 1993, el bioquímico americano Bruce Ames, de la Universidad de California en Berkeley, dijo: «Yo estoy convencido ya de que una buena proporción de los defectos de nacimiento y de los cánceres infantiles provienen de los varones que fuman.» Ames señaló que mucho del daño resultante del tabaco proviene de compuestos fuertemente oxidantes presentes en el humo del cigarrillo, como son los radicales libres.

Cuando dicho daño oxidativo afecta a las células del cuerpo en general, la lesión se limita a la persona implicada. Lo peor que puede suceder es que la persona muera de cáncer. Pero si los radicales libres dañan el ADN de las células que producen el esperma, entonces algunos espermatozoides transportarán ADN mutante. Si un niño llega a producirse por fertilización con uno de esos espermatozoides cambiados, resultarán defectos congénitos y las mutaciones podrían, como dijo Ames, causar «un efecto capaz de reverberar en las generaciones sucesivas».

Ames señala que, debido a que hay unas ocho veces más vitamina C en el fluido seminal que en la sangre, esta vitamina antioxidante *debe* jugar un papel importante protegiendo a los espermatozoides del daño genético. Puesto que, al igual que todas las células del cuerpo, los espermatozoides son atacados por unas 10.000 reacciones oxidantes al día, está claro que necesitan una protección de ese tipo. La cantidad de vitamina C de la dieta se refleja con mucha fidelidad en la cantidad presente en el fluido seminal. Y, lo que es aún más significativo, un bajo consumo de vitamina C con la dieta produce de inmediato un aumento sustancial en la cantidad de 8-hidroxi-deoxiguanosina (ver anteriormente). Esto significa que se dañará una mayor cantidad de ADN. La recomendación oficial actual de unos 60 miligramos al día es demasiado baja para producir en el semen la suficiente vitamina C como para reducir este daño del ADN a niveles seguros. Las investigaciones sugieren que debería bastar con una mínima ingesta diaria de 250 miligramos. El tabaco consume gran parte de los niveles de vitamina C presentes en el cuerpo, vitamina que es necesaria para afrontar la gran cantidad de compuestos oxidantes del humo absorbido, de modo que los fumadores se encuentran claramente en un mayor riesgo.

El Ministerio Británico de Agricultura, Pesca y Alimentación ha estado interesado en los radicales libres y el tabaco por algún tiempo, y desde 1992 ha puesto en marcha un proyecto para comparar los niveles sanguíneos de antioxidantes (ver más abajo y págs. 115-116) en fumadores y no fumadores. Uno de los científicos relacionados con este proyecto, Gary Duthie, explicó que cada vez que un fumador da una calada a un cigarrillo, toma una gran dosis de radicales libres. El número de éstos se ha estimado en alrededor de diez mil millones por inhalación. Este proyecto comprobará también la teoría de que dosis suplementarias de vitamina C, vitamina E y beta-caroteno pueden reducir la cantidad de daño celular causado por radicales libres.

Tabaco y cataratas

Si estás especialmente interesado en las cataratas, habrás leído ya el capítulo sobre los radicales libres y tus ojos, en el que se bosqueja la naturaleza y efectos de esta invalidante pero fácilmente remediable afección. Existe, sin embargo, una relación importante, recientemente descubierta, entre las cataratas y el tabaco —una relación que debería ser interesante para cualquiera.

Estudios separados para hombres y mujeres sobre el tabaco y la incidencia de cataratas, publicados en *Journal of the American Medical Association* de agosto de 1992, han demostrado que las personas que fuman 20 o más cigarrillos al día tienen el doble de probabilidades de desarrollar cataratas que los no fumadores. Los hombres en cuestión eran 22.071 doctores americanos, y las mujeres 50.828 enfermeras americanas registradas. La explicación de la incidencia de cataratas ha de relacionarse con las inferiores concentraciones de las vitaminas antioxidantes C, E y beta-caroteno en la sangre de los fumadores. El daño producido a la lente en las cataratas es un daño oxidativo de las proteínas de la lente. El humo del cigarrillo es rico en radicales libres y otras sustancias oxidantes como los aldehídos. Sabemos que los radicales libres procedentes del humo de los cigarrillos pueden dañar a las proteínas. A la vista de todo esto, apenas sorprende que los fumadores sean más propensos a las cataratas que los no fumadores.

Una advertencia

Hay en este capítulo muchas cosas que podrían alentar la idea de que el tabaco puede volverse más seguro tomando vitaminas. Como hemos visto, los fumadores son muy buenos para agarrarse a cualquier racionalización conveniente. Ésta, en concreto, sería particularmente peligrosa. En mi experiencia profesional he visto demasiadas tragedias, demasiadas vidas promisorias cortadas de golpe, demasiadas personas convertidas en tullidos respiratorios y cardiacos, como para poder contemplar el tabaco con ecuanimidad. Ahora estamos empezando a entender con mucho mayor detalle cómo el tabaco daña al cuerpo, y esta comprensión incluye detalles de muchísimos procesos que no tienen nada que ver con los radicales libres.

Acepta el consejo de un antiguo fumador que, hace 30 años, tuvo la fortuna de descubrir los hechos a tiempo: déjalo.

8

Otros efectos de los radicales libres

Este capítulo es un poco como un cajón de sastre, pues trata de una serie de afecciones aparentemente inconexas. Pero existe un tema común, ya que todas éstas son afecciones en las que se ha descubierto que los radicales libres juegan una parte importante. Una de estas afecciones —el envejecimiento de la piel— es de especial interés, pues es una de las primeras de una lista, que confío llegue a hacerse larga, de afecciones en las que se ha demostrado que es posible invertir, al menos en cierto grado, el daño producido por los radicales libres. Este capítulo cubre también algunos hechos poco conocidos sobre las células limpiadoras del cuerpo —los fagocitos— y echa un breve vistazo a la intrigante teoría de que el vino tinto puede ser bueno para ti.

El envejecimiento de la piel y los radicales libres

Los doctores han sabido durante muchos años que la luz del sol es dañina para la piel. No se trata de una deducción particularmente astuta, puesto que las pruebas son conocidas desde hace siglos. Una comparación directa de la piel de personas blancas que viven vidas enclaustradas con la de personas que pasan sus días al aire libre, especialmente en las áreas tropicales y subtropicales, muestra que, mientras que las primeras permanecen lisas y elásticas, las últimas se vuelven arrugadas, descoloridas y lacias. Muchas personas de origen europeo o americano que disfrutan del sol y que viven durante años en áreas calientes, sufren devastadores daños en la piel, con arrugas que descienden y se curvan, arrugas finas muy extendidas, y una incidencia muy superior a la media de los tres cánceres comunes de piel: *ulcus rodent* (carcinoma de células basales), cáncer escamoso (epitelioma escamoso) y melanoma maligno.

Los científicos han sabido durante décadas que este daño es causado por las radiaciones: y específicamente las radiaciones ultravioletas procedentes del sol. El efecto más obvio de estas radiaciones se da en la proteína elástica del colágeno de la piel, que se ve reducido en cantidad y alterado en calidad. La falta de soporte para los capilares sanguíneos conduce a su expansión y prominencia, en forma de «venas rotas» (telangiectasia). Los especialistas de la piel, reconociendo que estos cambios son el resultado del daño causado por la luz a lo largo de periodos prolongados, los denominan *fotoenvejecimiento*.

Tretinoína y piel envejecida

Los nuevos conocimientos conciernen al modo en que las radiaciones ultravioleta causan realmente el daño. Paradójicamente, en este caso el tratamiento llegó antes que su explicación. En 1986, apareció en *Journal of the American Academy of Dermatology* un ensayo titulado «Tretinoína tópica para la piel foto-envejecida». Este informe indicaba que la proporción entre colágeno dañado por el sol y colágeno normal del sol podía ser reducida de modo notable por medio del tratamiento con tretinoína. A éste le siguieron similares informes en otras revistas, incluyendo uno en *Journal of the American Medical Association* titulado «Por fin, un tratamiento médico para el envejecimiento de la piel». Algunos ensayos comprendieron grandes números de pacientes tratados con tretinoína a lo largo de un periodo de varios meses. La tretinoína es el *ácido completamente trans-retinoico*, la forma activa de la vitamina A en todos los tejidos del cuerpo excepto en la retina. Es un poderoso antioxidante. Tomar tretinoína no es lo mismo que tomar vitamina A.

Sabemos ahora, por supuesto, que la luz ultravioleta causa una producción de radicales libres, y que son éstos quienes realizan el daño. Para cuando esto empezó a estar claro, los dermatólogos ya sabían que podían invertir parcialmente los efectos de la radiación solar sobre la piel utilizando tretinoína. En un típico ensayo de este tratamiento, un lado de la cara de los voluntarios fue tratado con crema de tretinoína al 0,05 por 100 una vez al día, y el otro lado tratado con la crema base sin tretinoína. Al final de 12 semanas, el espesor de la piel, medido por ultrasonidos y otros métodos, había aumentado en un 10 por 100.

Otros ensayos realizados a lo largo de extensos periodos de tiempo mostraron una mejora en el espesor y aspereza de la piel, y en las arrugas finas, pero, como cabía esperar por haberse producido ya un gran daño, no hubo ningún cambio en las mejillas fofas, los lunares de la vejez (lentigines) o las venas rotas. El espesamiento de la capa externa de la piel, la *epidermis*, fue en muchos casos notable, y llegaba a ser hasta dos y tres/cuatro veces mayor. Casi todas las personas del ensayo padecieron un cierto grado de inflamación leve con picor y sensación de tirantez, un efecto lateral, pero esto desapareció al detener las aplicaciones de la crema durante uno o dos días, y el tratamiento pudo entonces ser reanudado sin riesgos.

Estos ensayos ponen en claro que las personas cuya piel ha sido ya gravemente dañada por el sol están expuestas a recibir mucho menos beneficio del tratamiento con tretinoína que las personas que han tenido mucha menor exposición a la radiación solar. La tretinoína se utiliza también ampliamente en el tratamiento de una enfermedad de la piel del adolescente, el acné, en la que es altamente efectiva. Se ha utilizado sobre todo en los EE.UU., pero también se ha utilizado ampliamente en Gran Bretaña. Fue introducida en 1982, y ha sido empleada por más de un millón de personas de todo el mundo.

Los riesgos de la tretinoína

Los fabricantes advirtieron repetidamente que este fármaco podía producir defectos de nacimiento o incluso la muerte del feto, y afirmaron que no debería ser tomada por las mujeres durante el embarazo. Aun así, se han comunicado una serie de casos de malformación congénita en fetos nacidos de mujeres que utilizaron el fármaco. No hay, por supuesto, modo alguno positivo de saber si éstos se debieron a la tretinoína. Las malformaciones congénitas y los abortos espontáneos también ocurrieron en mujeres que no tomaban o no usaron la tretinoína. Las noticias aparecidas en la prensa popular sobre un número muy grande de casos de malformaciones fueron casi con toda seguridad exagerados. Resulta interesante que un estudio, comunicado en *Lancet* en mayo de 1993, mostraba que el número de anormalidades fetales mayores que habían tenido lugar en mujeres embarazadas que usaban preparaciones de tretinoína sobre la piel era el mismo número que en mujeres que no usaron el fármaco. Aun así, si estás embarazada, más te vale abstenerte que lamentarte.

Melanoma maligno

En los últimos 40 años, más o menos, ha habido un aumento espectacular en el número de casos de un peligrosísimo tumor de piel, el melanoma maligno. Existen ahora algunas evidencias de que el tratamiento antioxidante con tretinoína puede reducir este riesgo. Los experimentos han sugerido que esta vitamina puede normalizar los cambios tempranos en las células pigmentadas (los *melanocitos*) que pueden progresar a melanoma. Sugieren también que la tretinoína puede retardar el desarrollo de melanomas, y reducir su tendencia a extenderse remotamente. Esta investigación se encuentra todavía en una etapa temprana.

Si hay una lección que aprender de todo esto, es la de que prevenir es mejor que curar. Los baños de sol son una costumbre muy mala. Si tienes que hacerlos, debes asegurarte primero de que tu piel esté adecuadamente protegida por una preparación efectiva de protección frente a los rayos solares.

Apoplejía

La apoplejía es la devastadora consecuencia de una pérdida de suministro de sangre a una parte del cerebro, de modo que se produce un daño y la persona afectada es privada, a menudo en forma permanente, del pleno uso de una o más de sus funciones cerebrales: movimiento, sensación, habla, comprensión, visión y demás. Las amenazas de apoplejía se denominan *ataques isquémicos transitorios* (AIT). Éstos son miniapoplejías que duran menos de 24 horas, y luego, aparentemente, revierten. En los AIT puede darse cualquiera de las manifestaciones de una apoplejía completa, y son una indicación clara de que se está en situación de riesgo.

El *Lancet* de 27 de junio de 1992 traía un informe del Departamento de Neurología de la Universidad de Bruselas, describiendo un estudio de 80 personas que mostraban signos definidos de encontrarse en grave riesgo de desarrollar una apoplejía. En este estudio, los pacientes con AIT de duración superior a tres horas fueron comparados con personas similares que nunca habían tenido un AIT, comprobándose el resultado tras 21 días. Se encontró que las personas con una cantidad de vitamina A en sangre superior a la media tenían más probabilidades de conseguir una recuperación completa que aquellas con la cantidad media o inferior a ésta. Los niveles de vitamina E también fueron comprobados, pero no se encontró una diferencia significativa entre quienes tenían concentraciones de dicha vitamina por encima o por debajo de la media. El experimento indicaba que una elevada concentración de vitamina A en sangre produce un efecto beneficioso en el resultado. También mostraba que aquellas personas cuyos síntomas y signos persistían durante más de 24 horas, y cuyos niveles sanguíneos de vitamina A eran superiores a la media, acababan con menos daños neurológicos que aquellas con bajas concentraciones sanguíneas de esa vitamina.

Se sabe que la destrucción de células nerviosas que se produce en la apoplejía y en las afecciones pre-apopléjicas, se debe en parte al daño oxidativo ocasionado por los radicales libres. El cuerpo hace lo que puede por protegerse contra estos radicales libres, pero su capacidad en este sentido es limitada. Sabemos que la vitamina E es altamente efectiva como «escoba» de radicales libres en presencia de elevadas concentraciones de oxígeno. La apoplejía y el AIT ocurren porque la sangre que transporta oxígeno a las células nerviosas no llega hasta ellas. Puede que sea ésta la razón por la que la vitamina E no parece ser efectiva en este caso. La vitamina A, en cambio, es un poderoso antioxidante en condiciones de baja concentración de oxígeno, y esto puede explicar su aparente valor en estos casos. Es posible, desde luego, que tenga también otros valiosos efectos además de simplemente atrapar radicales libres.

Una lección a aprender con este estudio podría ser la de que cada antioxidante tiene su rango de acción óptimo, y que se necesitan varios antioxidantes diferentes para asegurar una protección extensa. Sería necio en extremo, sin embargo, suponer que la toma de vitaminas antioxidantes sea un sustituto efectivo para un estilo de vida saludable que minimice los factores de riesgo de la apoplejía: tabaco, obesidad, una dieta rica en grasas saturadas, un bajo consumo de frutas y verduras, y la falta de ejercicio.

Los radicales libres y la enfermedad de Parkinson

La enfermedad de Parkinson, o *parálisis agitante*, es una afección progresivamente invalidante caracterizada por temblor de manos con movimientos de los dedos como «de contar monedas», rigidez muscular, lentitud de habla y movimientos, dificultad para iniciar la marcha, pasos vacilantes, un rostro de máscara y escritura diminuta. Se debe a la degeneración de ciertas células de la parte central del cerebro, conocidas como sustancia negra, que producen un compuesto llamado dopamina, y esa degeneración se trata con un medicamento, la levodopa, y con otras sustancias que estimulan los receptores cerebrales de la dopamina. La causa de los cambios en las células cerebrales se desconoce, pero a finales de la década de los 80 quedó claro que estaban implicados diversos procesos oxidativos que comprendían la formación de radicales libres.

Se inició, por tanto, un gran experimento en 1987 con el fin de ver si la vitamina E, en dosis de 2.000 miligramos al día, podía retrasar el progreso de esta enfermedad. Ochocientos pacientes con la enfermedad de Parkinson intervinieron en el experimento, que fue conducido simultáneamente en un gran número de diferentes hospitales y departamentos de investigación en América y Canadá. Los pacientes fueron divididos en cuatro grupos, uno de los cuales recibió la vitamina E. El informe del experimento fue publicado en 1993 en el *New England Journal of Medicine*.

Desgraciadamente, el experimento no mostró evidencia alguna de un efecto beneficioso de la vitamina E en el progreso de la enfermedad. De acuerdo con los investigadores, este descorazonador resultado podría haberse debido al hecho de que las cantidades de vitamina capaces de atravesar la barrera hematoencefálica para alcanzar a las células de la sustancia negra, eran insuficientes. También se sugirió que un resultado negativo con la vitamina E no necesariamente implicaba que otros antioxidantes pudieran ser también ineficaces. Sugería que antes se necesitaba hacer otros experimentos con aquéllos. No hubo efectos adversos significativos atribuibles a esa dosis de la vitamina. Uno de

los grupos del experimento fue tratado con otro fármaco, el deprenilo (selegilina). Este grupo disfrutó de
beneficios interesantes en términos de lentificar la
enfermedad.

La investigación médica puede beneficiarse de sus
fracasos tanto como de sus éxitos. Este gran estudio
nos enseña que las ideas teóricas acerca de los radicales
libres no siempre se confirman en la práctica. La
demostración de que los radicales libres son la causa de
un particular tipo de daño celular no significa necesariamente que el ingerir cualquier antioxidante vaya a
prevenir dicho daño. El antioxidante ha de ser el apropiado, y ha de llegar al lugar del daño producido por
los radicales libres.

Contractura de mano de Dupuytren

He considerado correcto introducir ésta simplemente para mostrar que los radicales libres están implicados en afecciones aparentemente muy diferentes, y
que la investigación en tales afecciones puede arrojar
luz sobre el tema en su conjunto. La contractura de
Dupuytren es un espesamiento y acortamiento de la
capa fibrosa situada por debajo de la palma de la mano,
la *fascia palmar*, lo que conduce a una retracción fija
de los dedos hacia la palma, empezando generalmente
por el anular. Es sorprendentemente común, afectando
entre el 4 y el 6 por 100 de los hombres de edad
media, para elevarse al 20 por 100 en los hombres con
edades por encima de los 65.

En noviembre de 1987, el doctor G. A. C. Murrell
y sus colegas del Departamento Nuffield de Cirugía
Ortopédica en la Universidad de Oxford, publicaron
un informe en el *British Medical Journal* informando

de los resultados de la medida de indicadores de radicales libres en muestras de fascia palmar dañada, que había sido extirpada en la operación de pacientes con contractura de Dupuytren. Los indicadores de radicales libres fueron hipoxantina y xantina, sustancias que se sabe implicadas en la producción de radicales libres de oxígeno. Se obtuvieron muestras de fascia normales, para actuar como controles, de pacientes que no tenían contractura de Dupuytren, pero que estaban siendo sometidos a operaciones similares de extirpación de tejidos por razones diferentes.

Las muestras tomadas de los casos de Dupuytren tenían una concentración de hipoxantina seis veces superior a las muestras control de personas sin contractura de Dupuytren. Los investigadores también confirmaron la presencia del enzima xantina-oxidasa, el cual, actuando sobre la hipoxantina, produce radicales libres. Todo esto sugería fuertemente que los radicales libres eran la causa de la contractura. Los científicos aún llegaron más lejos, sin embargo, y en experimentos de laboratorio sobre cultivos tisulares de células cogidas de las muestras, demostraron que añadir radicales libres en una concentración apropiada hacía que el número de las células aumentase grandemente. Estas células se denominan *fibroblastos*, y son ellas las que producen la especie de tejido cicatricial adicional que causa la contractura. El exceso de radicales libres mataba las células.

Se sabe que el medicamento alopurinol es valioso en el tratamiento de la contractura de Dupuytren. Este medicamento actúa enlazándose al enzima xantina-oxidasa, de modo que éste no puede actuar sobre la hipoxantina para liberar radicales libres.

Los radicales libres y el SIDA

Es interesante advertir que las personas VIH positivas que muestran signos de SIDA tienen una incidencia mucho mayor de contractura de Dupuytren que las personas VIH negativas. En un estudio de una serie de exámenes de 50 hombres VIH positivos, publicado en *British Medical Journal* de 1990, 18 de ellos (el 36 por 100) tenían una contractura de Dupuytren establecida, y se consideraba que otros seis tenían inicios de engrosamiento en la palma de la mano.

Una razón plausible para esta incidencia extraordinariamente elevada de dicha afección en las personas VIH positivas puede ser la de que en tales individuos los radicales libres se producen en cantidades excesivas. De hecho, se han encontrado cantidades aumentadas de un indicador de radicales libres, el malonaldehído (ver pág. 61), en personas con infección por el VIH. Así se comunicó en *Scandinavian Journal of Infectious Diseases* en 1988.

Los fagocitos y los radicales libres

Los fagocitos (que literalmente significan «células comedoras») son los limpiadores del cuerpo, y hacen un formidable trabajo devorando y destruyendo sustancias y gérmenes indeseables. Son células móviles, que son atraídas por medio de estímulos químicos hacia el emplazamiento de las infecciones o de material extraño. Ellos se desplazan emitiendo largas protuberancias parecidas a dedos («falsos pies» o *seudópodos*), y fluyendo hacia ellas. Esta movilidad también les permite fluir alrededor de cualquier cosa que deseen destruir, de modo que es incorporada en sus cuerpos. Dentro de los fagocitos existen enzimas que, en presencia de las bacterias y otros organismos, producen un poderoso radical libre de oxígeno, el *superóxido*. Éste, a su vez, genera de inmediato un fuerte oxidante, el peróxido de hidrógeno. El peróxido de hidrógeno actúa entonces sobre el cloro del fagocito para formar ácido hipocloroso (el material de las lejías), que pronto acaba con los gérmenes.

Una inflamación duradera significa que sucesivas oleadas de millones de fagocitos descienden al área corporal afectada. Desgraciadamente, los radicales libres no permanecen en los fagocitos, y grandes cantidades son liberados a los tejidos de alrededor. El peróxido de hidrógeno y el ácido hipocloroso son profundamente dañinos para todo tipo de células del cuerpo, y es por ello que la inflamación se asocia con una destrucción de tejidos. También infligen daños al ADN, pudiendo, por tanto, conducir al cáncer.

El vino tinto y los radicales libres

Durante años, los médicos no han sabido qué decir cuando se les preguntaba por qué los franceses, cuya dieta es rica en grasas saturadas, tienen, sin embargo, una baja incidencia de una grave enfermedad arterial, la aterosclerosis, y una mortalidad correspondientemente baja de la enfermedad cardiaca coronaria. En círculos médicos, esto se conoce como la «paradoja de los franceses». Algunos médicos, especialmente aquellos a quienes les gusta el vino, han mantenido que, en algún modo, esto puede atribuirse a un consumo regular de vino tinto. Las razones que han dado para esta opinión se han referido generalmente al efecto de ensanchamiento de las arterias (vasodilatación) producido por el

contenido en alcohol del vino, y no parecen particularmente plausibles. Hoy en día se ha propuesto una
mejor sugerencia.

En *British Medical Journal* de 20 de febrero de
1993 apareció un informe de los científicos del Grupo
de Investigación de Lípidos de la Universidad de California. Este informe remite a una investigación previa
que mostraba cómo la oxidación de las lipoproteínas de
baja densidad (LDL) que transportan el colesterol, permite que el colesterol sea incorporado en las placas de
aterosclerosis de las paredes arteriales (ver págs. 37-38).

El informe pasa entonces a considerar ciertos constituyentes no alcohólicos del vino: diversas sustancias
fenólicas (*flavonoides*) de las que se sabe que tienen
propiedades antioxidantes. Los fenoles fueron preparados a partir de vino tinto de California, y se comprobó
en el laboratorio sus poderes antioxidantes sobre las
lipoproteínas de baja densidad humanas. Estos ensayos
demostraron que las sustancias fenólicas eran incluso
más efectivas que la vitamina E para prevenir la oxidación de las LDL. El vino diluido mil veces, conteniendo diminutas cantidades de sustancias fenólicas, inhibía
la oxidación de las LDL significativamente más que la
vitamina E. De acuerdo con los autores: «Estos datos
proporcionan una explicación plausible de la paradoja
de los franceses...»

El síndrome de distrés respiratorio y los radicales libres

El síndrome de distrés respiratorio de los adultos es
una complicación grave, y previamente impredecible,
de una severa infección en la que los pulmones se lle-
nan de fluido y glóbulos blancos, y se produce una

interferencia severa, y a menudo fatal, con la vital oxigenación de la sangre. Recientes investigaciones han mostrado que, en esta afección, el equilibrio de poder entre los radicales libres y los antioxidantes naturales del cuerpo se desplaza en favor de los radicales libres.

Un informe de *Lancet*, publicado en marzo de 1993, muestra que la medida de algunos de los antioxidantes naturales del cuerpo hace posible identificar qué personas tienen más probabilidades de desarrollar este peligroso síndrome, de modo que pueda dárseles tratamiento preventivo. Este estudio mostraba que 9 a 12 horas antes de desarrollarse el síndrome, las personas afectadas presentaban un definido aumento en las cantidades de superóxido dismutasa y catalasa (ver pág. 28) en sus cuerpos. Ésta es una clara indicación de un aumento en la actividad de los radicales libres, lanzando el aviso de un problema inminente. Dado que los radicales libres se consideran hoy en día implicados en afecciones tan diferentes, es probable que investigaciones anticipadoras de este tipo se vuelvan más importantes en el futuro.

La expansión del interés médico en los radicales libres

Este escrito es simplemente otro ejemplo de los informes sobre investigación en radicales libres que aparecen hoy en día, con creciente regularidad, en la prensa médica profesional. Otras afecciones en las que han estado implicados los radicales libres, o en las que se sospecha que sean importantes, incluyen llagas, daños a los glóbulos rojos, envenenamiento por paraquat, envenenamiento por tetracloruro de carbono, daños por el ozono, daños en músculo esquelético, daños en células hepáticas, lesiones de columna vertebral, diabetes, y posiblemente incluso cáncer causado por los campos electromagnéticos del tendido eléctrico. También se ha visto que son activos en la toxicidad del alcohol y en producir la acción destructiva de los fármacos anticancerosos.

Informes sobre radicales libres han aparecido en numerosas revistas médicas y de otro tipo en todas partes del mundo. He aquí unas pocas, en añadidura a las ya mencionadas, de las que han publicado sobre el tema: *Annals of the Royal College of Surgeons of England, Journal of the American College of Cardiology, Nature, Journal of Biological Chemistry, Cancer Research, American Journal of Clinical Nutrition, Journal of Pharmacology, Biochemical Medicine, American Journal of Epidemiology, Toxicology and Applied Pharmacology, Annals of Clinical Biochemistry, Acta Physiologica Scandinavica, Gastroenterology, International Journal of Epidemiology, Journal of Inorganic Biochemistry* y la revista *Free Radical Biology and Medicine.*

Con tanto interés médico y científico serio sobre el tema, ¿puedes permitirte el lujo de ignorarlo?

9

¿Qué son los antioxidantes?

Un antioxidante es toda sustancia que retrasa o previene el deterioro, daño o destrucción provocados por una oxidación. Como ya vimos en el capítulo 1, los radicales libres actúan mediante oxidación. La oxidación siempre deteriora la cosa que oxida, aunque a menudo resulte muy útil, pues, de hecho, es la fuente misma de toda nuestra energía y, en consecuencia, nuestros cuerpos no podrían funcionar sin ella. Pero en otros casos, como cuando los radicales libres provocan un daño celular durante los procesos de enfermedad, está lejos de sernos útil y, naturalmente, debemos intentar hacer algo para detenerla. Es aquí donde entran los *antioxidantes*. En el contexto médico son relativamente nuevos, pero en otras ramas de la ciencia han estado presentes durante largo tiempo.

Antioxidantes

Durante muchos años, los químicos han tenido conocimiento de que la acción oxidante de los radicales libres puede ser controlada, o incluso prevenida, por una serie de sustancias antioxidantes. Por ejemplo, es vital que los aceites lubricantes se mantengan estables y en forma líquida, y no que se sequen como la pintura. Por ese motivo, a estos aceites normalmente se les añaden pequeñas cantidades de antioxidantes, como el fenol o derivados de las aminas. Aunque frecuentemente los plásticos se forman por la acción de los radicales libres, pueden también ser descompuestos por el mismo proceso, de modo que requieren asimismo la protección de antioxidantes como los fenoles o los naftoles. El polietileno de baja densidad se protege también a menudo con negro de carbón, el cual absorbe la luz ultravioleta causante de la producción de radicales libres (ver pág. 81).

Los alimentos almacenados también se deterioran por oxidación. Por ejemplo, cuando la grasa se enrancia, es producto de una reacción de oxidación provocada por los radicales libres. Las grasas oxidadas son nuevos compuestos, de sabor y olor horribles, de manera que todo lo que pueda evitar esta reacción tendrá evidentemente una gran importancia económica. Por esta razón, los químicos han estado buscando antioxidantes de forma muy activa durante algún tiempo. Hasta la fecha, los antioxidantes más populares como aditivos alimentarios han sido el BHA (butil hidroxianisol), el BHT (butil hidroxitolueno), el galato de propilo y el tocoferol (vitamina E). Estos antioxidantes actúan cediendo átomos de hidrógeno al radical hidroxilo, formándose agua. La ecuación es simple: $H + OH = H_2O$. En otras palabras, dos radicales peligrosamente activos se combinan para formar una inofensiva molécula de agua.

Paradójicamente, la irradiación de los alimentos —que constituye uno de los mejores métodos para acabar con las bacterias que los estropean y que pueden incluso llegar a ser peligrosas— puede, a su vez, producir radicales libres que provoquen cambios químicos inaceptables en los alimentos. Por ello, es a veces necesario contrarrestar los efectos indeseables de la irradiación de los alimentos usando antioxidantes.

Antioxidantes naturales del cuerpo

Afortunadamente, el cuerpo posee sus propios antioxidantes que limitan el daño producido por oxidación. Uno de los más efectivos es la sustancia llamada tocoferol (vitamina E). Esta vitamina se disuelve en las grasas, resultando esto de especial importancia, ya que el daño más severo que causan los radicales libres en el cuerpo es con mucho el infligido a las membranas celulares y a las lipoproteínas de baja densidad, y ambas están constituidas de moléculas de grasa. La vitamina C es también un poderoso antioxidante, pero es soluble en agua, no en grasas. Esto significa que se distribuye a todas las partes del cuerpo. Ambas vitaminas son altamente eficaces en la eliminación de radicales libres, e incluso a veces cooperan entre ellas en este trabajo.

Otros antioxidantes naturales del cuerpo incluyen compuestos como la *cisteína*, el *glutation* y la *D-penicilamina*, y constituyentes sanguíneos como la *transferrina* (una molécula portadora de hierro) y la proteína *ceruloplasmina*. Éstos actúan bien impidiendo la producción de radicales libres, bien eliminándolos.

Como ya se mencionó en el capítulo 1, el cuerpo también contiene una serie de importantes *enzimas* antioxidantes. Un enzima es una proteína muy activa que acelera una reacción química. La mayor parte de lo que acontece en el cuerpo es provocado por miles de enzimas diferentes. El enzima antioxidante más interesante es la *superóxido dismutasa*. Este enzima suscitó un enorme interés tras su descubrimiento, ya que no posee otra función aparte de la de convertir el peligroso radical libre superóxido en peróxido de hidrógeno, menos peligroso. Esto hizo pensar a los científicos, y provocó el interés de los médicos hacia los radicales libres. El peróxido de hidrógeno (H_2O_2), aunque no es un radical libre estrictamente hablando, tampoco es un material particularmente agradable como para andar circulando por ahí. El átomo adicional de oxígeno está totalmente disponible para provocar una oxidación, convirtiéndolo en un compuesto activo útil para que el pelo se ponga rubio. Así que el cuerpo tiene otros dos enzimas, la *catalasa* y la *glutation peroxidasa*, que descomponen el peróxido de hidrógeno en agua y oxígeno.

Vitaminas

El interés popular más grande se centra, sin embargo, actualmente en las vitaminas. La mayoría de los libros de texto de medicina actuales aún tratan las vitaminas, incluidas las vitaminas C y E, de manera convencional, dando pequeñas dosis diarias recomendadas. Esto resulta apropiado para el gran grupo de vitaminas B (B_1, B_2, B_6 y B_{12}, niacina, ácido pantoténico, ácido fólico y ácido lipoico), y para las vitaminas D y K. Todas éstas, además de la vitamina C, son sustancias necesarias, en cantidades muy pequeñas, para mantener la salud. Si no se aportan estas pequeñas cantidades, pueden sobrevenir varias enfermedades por deficiencia. La deficiencia de vitamina C, por ejemplo, provoca escorbuto, un trastorno que da lugar a hemorragias; la deficiencia de vitamina A provoca serios problemas visuales y de otro tipo; la deficiencia de vitamina D produce reblandecimiento de los huesos, raquitismo u osteomalacia, etcétera.

Peligro de sobredosis

Debido a que muchas vitaminas actúan por asociación con los enzimas y sólo se necesitan cantidades minúsculas, tradicionalmente se ha enseñado que quienes toman una cantidad superior a los requerimientos diarios, la cual normalmente puede encontrarse en una dieta razonablemente equilibrada, están malgastando su dinero. Además, la medicina ha advertido periódica y justificadamente sobre los peligros de una sobredosis de vitaminas, sobre todo de las vitaminas A y D. Un consumo excesivo de estas vitaminas puede causar problemas. Un exceso de vitamina D provoca depósitos de calcio en riñones, arterias y otros tejidos; se trata, ciertamente, de un asunto serio, ya que puede dar lugar a todo tipo de problemas, incluido un fallo renal. Los peligros de una sobredosis de vitamina A se describen más adelante, al igual que los de la vitamina E.

Aunque hasta ahora pocos libros de texto han difundido el papel de ciertas vitaminas como antioxidantes biológicos, se puede encontrar mucho sobre este tema en la literatura médica actual y en la científica en general. Los libros de texto tardan mucho tiempo en escribirse, editarse y publicarse, de modo que, invariablemente, quedan rezagados de los avances más recientes, en especial en campos de investigación nuevos y de rápido desarrollo. Por esto son tan importantes las revistas médicas y científicas. En la literatura concerniente a los radicales libres, el énfasis ha recaído con mayor fuerza en las vitaminas C y E, de modo que merece la pena observar más de cerca estas interesantes sustancias.

Vitamina E (tocoferol)

Hasta hace poco, los libros de texto de farmacología desechaban la vitamina E, una vitamina liposoluble, por carecer de importancia; algunos afirmaban incluso que carece de relevancia médica para los seres humanos.

El tocoferol fue descubierto en 1922 al constatarse que las dietas de las ratas hembra necesitaban contener una sustancia desconocida para tener un embarazo normal. Sin ella, podían ovular y concebir satisfactoriamente, pero a los diez días el feto moría y era absorbido. Las ratas macho deficitarias en esta sustancia también mostraban anormalidades en sus tests. Por estas razones, la vitamina E disfrutó de una breve reputación como «vitamina antiesterilidad», y fue ilógicamente recomendada como tratamiento para la esterilidad, aunque no existían razones para suponer que la gente involucrada fuera deficitaria en esta vitamina. También ha sido usada en el tratamiento de diferentes desordenes menstruales, la inflamación de la vagina y síntomas menopáusicos, pero tampoco hay razones para suponer que sea especialmente útil en estos casos.

La vitamina E fue aislada por primera vez en l936 a partir del aceite de germen de trigo. Se encontró que formaba parte de una gama de ocho moléculas, similares aunque muy complejas, conocidas como tocoferoles. Es prácticamente insoluble en agua, pero se disuelve en aceites, grasas, alcohol, acetona, éter y otros disolventes de grasas. Al contrario que la vitamina C, es estable al calor y a los álcalis en ausencia de oxígeno, y no es afectada por los ácidos a temperaturas superiores a 100° C. Si se la expone al oxígeno atmosférico, se oxida lentamente. Esto ocurre con más rapidez en presencia de sales de hierro o de plata. Expuesta a la luz se oscurece gradualmente. Entre sus fuentes naturales más ricas se encuentran los aceites de germen de semillas, la alfalfa y la lechuga. Está ampliamente distribuida en las sustancias vegetales. Para los fines prácticos de dosificación, considera que una unidad internacional equivale a un miligramo.

Todos los tocoferoles son antioxidantes, y ésta parece ser la base de todos los efectos biológicos de esta vitamina. Cada vez se está viendo con mayor claridad que la vitamina E opera como un antioxidante natural, ayudando a proteger importantes estructuras celulares, especialmente las membranas, de los efectos dañinos de los radicales libres. Es interesante que se haya descubierto que, por ejemplo, esta vitamina puede proteger contra los efectos de una sobredosis de vitamina A anteriormente descrita. Está involucrada en muchos procesos corporales.

Al llevar a cabo su función en el cuerpo como antioxidante, la vitamina E se convierte ella misma en un radical. Sin embargo, es regenerada rápidamente en vitamina activa por un proceso bioquímico que posiblemente involucre a la vitamina C y al glutation.

La deficiencia en vitamina E no es frecuente, ya que está ampliamente presente en los alimentos, sobre todo en los aceites vegetales, pero, cuando esto sucede, los efectos pueden ser devastadores. La necesidad de vitamina E aumenta si la dieta es rica en grasas poliinsaturadas. La deficiencia aparece a veces en bebés prematuros, especialmente si éstos están mal nutridos, y en personas con trastornos que interfieran en la absorción de las grasas. En caso de severa deficiencia de vitamina E por alguna de estas razones, se pueden padecer, en diferentes grados, cambios degenerativos en el cerebro y en el sistema nervioso, debilitamiento de la vista, visión doble, trastornos del caminar, anemia, una proporción alta de destrucción de glóbulos rojos, retención de fluidos (edemas) y problemas en la piel. Algunos informes han demostrado que dosis elevadas de vitamina E pueden detener la progresión de las anormalidades neurológicas e incluso producir mejoría.

La deficiencia de vitamina E en los seres humanos sobreviene únicamente tras muchos meses con una dieta muy deficiente. Se piensa que un consumo diario de 10 a 30 miligramos de vitamina es suficiente para mantener los niveles sanguíneos dentro de los límites normales, y esta cantidad siempre la aportará una dieta adecuada. Las dietas que contienen otros antioxidantes reducen la dosis requerida. La leche materna contiene la suficiente para satisfacer las necesidades del bebé.

Peligros de la sobredosis

Suele considerarse que la vitamina E es una sustancia levemente inocua, y pocas advertencias, si es que hay alguna, se escuchan acerca de los peligros por sobredosis. En cuanto a los adultos, esto posiblemente sea razonable, pero no cabe duda de que existen límites para las cantidades que pueden ser ingeridas sin riesgo. Han surgido peligros por sobredosis de vitamina E en bebés prematuros a causa de su probable interferencia con la acción de las células del sistema inmunológico contra la infección (ver pág. 83). Puesto que la acción oxidante de los radicales libres es una parte necesaria del funcionamiento corporal, tanto para la destrucción de bacterias como para otros importantes propósitos, es bastante razonable suponer que una interferencia indebida con esta acción, producida por una dosis excesiva de un antioxidante como la vitamina E, sea muy probablemente perjudicial. Hacer esto puede ser, por ejemplo, incrementar el riesgo de infección.

No existe sustancia de alto valor medicinal que no comporte el riesgo de indeseables efectos secundarios. Esto es un hecho de la realidad médica que no debería ser olvidado. Al igual que otras muchas sustancias, la vitamina E es necesaria para la vida y la salud. Pero, como otras muchas sustancias, y en aras de la seguridad, su cantidad en el cuerpo debe ser mantenida dentro de límites más o menos estrictos.

Vitamina C (ácido ascórbico)

La vitamina C es un compuesto más simple que la vitamina E, y es soluble en agua. Fue la primera vitamina que se descubrió, y la enfermedad causada por su deficiencia —el escorbuto— ha sido conocida durante siglos. Los navegantes que subsistían en sus largos viajes marítimos a base de carne de cerdo salada y galletas, sin frutas ni verduras frescas, solían morir de escorbuto. Pero en 1747, el médico naval británico James Lind (1716-84) probó por medio de cuidadosos experimentos, con controles, que una cucharadita de zumo de limón, tomada de vez en cuando, prevenía la enfermedad. Desgraciadamente, no fue hasta 50 años más tarde que se pudo persuadir a Sus Señorías del Almirantazgo —quienes, ciertamente, no eran fácilmente impresionadas por la ciencia— de que dictaran las órdenes oportunas a los capitanes de sus barcos; en el ínterin, muchos más marineros murieron.

La vitamina fue aislada en 1928 e identificada químicamente en 1932. Se destruye fácilmente por exposición al aire o al cocinar, especialmente en presencia de cobre y álcalis. El principal material estructural del cuerpo es una proteína llamada colágeno. Éste constituye la base principal de los huesos y de muchos de otros tejidos. La vitamina C es necesaria para la síntesis adecuada del colágeno, y su deficiencia impide que las heridas cicatricen bien, debilita los capilares sanguíneos, con el consiguiente efecto de sangrado de encías y en las articulaciones y la piel, y produce anemia y el aflojamiento de los dientes. El escorbuto aún aparece en personas que viven de té y dulces, y los primeros signos —habitualmente en forma de encías inflamadas y sangrantes, y dientes flojos, pero en algunos casos como moratones espontáneos en las pantorrillas— aparecen tres o cuatro meses después de la última ingestión de la vitamina. En bebés y niños pequeños, el escorbuto también provoca pequeñas hemorragias bajo las membranas óseas, causando leves hinchazones de las que los niños se resienten al ser tocados.

Para prevenir el escorbuto, los seres humanos necesitamos vitamina C en cantidades que oscilan desde los 60 hasta los 250 miligramos al día. Los niveles sanguíneos de esta vitamina se ven reducidos con el tabaco y con la píldora anticonceptiva. Se necesitan cantidades mayores en caso de encontrarse bajo el influyo de enfermedades infecciosas, heridas, quemaduras, problemas reumáticos, y tras intervenciones quirúrgicas. Una dieta normal, bien equilibrada, aportará normalmente bastante vitamina C para prevenir el escorbuto. Esta vitamina se encuentra abundantemente en los zumos de fruta, en los pimientos verdes, el repollo, las verduras de hojas, las patatas, los cítricos, los tomates y las fresas. Los zumos de naranja y de limón contienen aproximadamente 0,5 miligramos por cada centímetro cúbico (ml.). Cuando se toman dosis grandes, hay una mayor pérdida de vitamina a través de la orina.

La vitamina C es un poderoso antioxidante, y por esta razón se usa generalmente para conservar el sabor y el color naturales de la fruta y de los vegetales procesados, así como de los productos lácteos.

El valor de la vitamina C en medicina

Nadie cuestiona el gran valor de la vitamina C en el tratamiento del escorbuto. Una vez que la vitamina es ingerida en la dosis adecuada, la mejora es inmediata y, en el breve plazo de unas semanas, todos los síntomas y vestigios de la enfermedad han desaparecido. La discusión recae más bien en si la vitamina posee algún valor para las personas que *no* padecen escorbuto. Hasta hace poco, la opinión medica ortodoxa ha sido que la vitamina no reporta ningún beneficio a tales personas. No obstante, resulta bastante curioso que, a pesar de esta opinión, haya habido a lo largo de los años entusiasmos recurrentes respecto a pruebas de la vitamina en todo tipo de casos. Incluso antes del presente interés acerca de los radicales libres y el uso de antioxidantes, la vitamina C había tenido ya muchos respetables defensores. Una de las razones para el escepticismo médico parece clara: la mayoría de los ensayos con vitamina C en el tratamiento de casos como el resfriado común, fracasaron debido a que las dosis recetadas se hallaban muy poco por encima del mínimo diario requerido para prevenir el escorbuto. Cada vez resulta más claro que, usada como antioxidante, precisa dosis muy superiores al mínimo diario.

¿Qué dosis puede tomarse sin riesgo?

Sobre esta cuestión, Linus Pauling realizó una contribución interesante al encuadrar la vitamina C en un

contexto evolutivo. Asumiendo que los pueblos primiti-
vos debían haber comido todo aquello que tuvieran a su
disposición, decidió calcular cuánta vitamina C podrían
haber consumido si, como de hecho debió ocurrir, el
total diario de calorías requerido (2.500 calorías) prove-
nía de una única fuente. Los resultados fueron sorpren-
dentes: si ellos hubieran comido suficientes guisantes y
judías como para obtener las 2.500 calorías necesarias,
habrían ingerido 1.000 miligramos de vitamina C; vegetales con un bajo contenido en vitamina C les habrían
aportado 1.200 miligramos; vegetales y frutas con un
contenido intermedio les habrían aportado 3.400 miligramos; alimentos con alto contenido en vitamina C,
como el repollo, la coliflor y las cebolletas, les habrían
aportado 6.000 miligramos al día; y alimentos de muy
alto contenido en vitamina C, como las grosellas, la col
rizada, el perejil, los pimientos y el brécol, les habrían
aportado no menos de 12.000 miligramos al día.

Puesto que los seres humanos evolucionaron en un
entorno que les podía suministrar cantidades de vitamina C de este orden, Pauling dedujo que el consumo
diario ideal para la mayoría de los adultos debería
situarse en algún lugar entre 2.300 y 9.000 miligramos. Un consumo tan importante de vitamina C a lo
largo de una gran parte del periodo evolutivo supone
que dosis elevadas de esta vitamina deberían ser consideradas como algo «natural».

Posibles peligros

La vitamina C posee un magnífico récord de seguridad y ha sido consumida en dosis de más de 1.000
miligramos por millones de personas sin problemas
aparentes. En contrapartida, existen decenas de infor-

mes sobre los efectos nocivos supuestamente causados por dosis muy elevadas de esta vitamina.

Uno de éstos fue publicado en el *British Medical Journal* de marzo de 1993. Este artículo informa del caso de un joven de 32 años VIH positivo que desarrolló un aumento generalizado de nódulos linfáticos. Sus médicos le habían aconsejado comenzar un tratamiento con AZT, pero lo rehusó, y buscó el consejo de un nutriólogo médicamente cualificado. La investigación mostró que tenía un nivel sanguíneo inferior al normal del antioxidante glutation, de modo que se le prescribieron, entre otras cosas, suplementos de glutation y una serie de inyecciones intravenosas de vitamina C en dosis de 40.000 miligramos tres veces por semana, más otra dosis de 20.000 a 40.000 miligramos diarios ingeridos oralmente. Se continuó con esta enorme dosis durante un mes sin que se apreciara cambio alguno en su caso. Se dobló entonces la dosis intravenosa hasta 80.000 miligramos. Al día siguiente, al paciente le comenzó a fallar la respiración y se puso febril, mientras que su orina se volvía de color negro, síntoma de que muchos glóbulos rojos habían sido destruidos liberando la hemoglobina que ahora era expulsada por la orina, de modo parecido a lo que sucede en la «fiebre intermitente biliosa hemoglobinúrica» de la malaria.

La investigación descubrió que este hombre tenía un rasgo de drepanocitosis y un trastorno genético de la sangre relativamente raro conocido como deficiencia en glucosa-6-fosfato deshidrogenasa. Esta deficiencia enzimática vuelve a los glóbulos rojos mucho más frágiles de lo normal debido a una insuficiencia del antioxidante glutation, el cual protege a los glóbulos rojos del ataque de los radicales libres. Muchos medicamentos de uso común pueden causar este deterioro de los glóbulos rojos. Al paciente se le hizo beber cantidades enormes de líquido para que eliminara a través de los riñones, y al tercer día la orina era clara. Se recuperó totalmente del colapso de los glóbulos rojos.

Dosis de vitamina C de este calibre son excepcionales y hay pocos remedios que puedan, con total seguridad, ser tomados en cantidades de 20 y hasta 30 veces la dosis acostumbrada. Lo que indica el informe, no obstante, es que hay personas que deberían ser particularmente cautas a la hora de tomar cualquier medicamento, incluso uno tan aparentemente seguro como la vitamina C.

Beta-caroteno

El antioxidante beta-coroteno, un pigmento de las plantas, es también conocido como provitamina A debido a que es convertido en vitamina A (retinol y otras formas) en el hígado. Se encuentra en la leche entera, la mantequilla, el queso, la yema de huevo, el hígado, las verduras amarillas y verdes, y en el pescado, especialmente en el hígado de éstos. Los anteriores alimentos contienen también una serie de diferentes sustancias semejantes al caroteno (los carotenoides) que no pueden ser convertidas en vitamina A y, por tanto, son desechadas.

El retinol y sustancias relacionadas tienen muchas funciones importantes en el cuerpo. Son necesarias para el crecimiento y la salud de los tejidos superficiales, de las mucosas y de los huesos; para la salud del sistema inmunológico y la protección contra el cáncer; para la visión normal y la salud de la córnea; para la protección de la piel contra la radiación solar y los cambios de la edad. Las personas deficitarias en retinoides padecen ceguera nocturna y sequedad de ojos (xeroftalmia). Los bebés pueden padecer un devastador reblandecimiento de las córneas de los ojos, con la consiguiente ceguera permanente. Una deficiencia grave de esta vitamina constituye una de las causas comunes de muerte en niños pequeños, tras haber tenido que soportar la mayor parte de sus sistemas corporales un daño severo.

Una dieta normal, bien equilibrada, aportará suficiente retinol para prevenir tales efectos. Si se toma como suplemento dietético, un miligramo por día equivale a la ración diaria recomendada, y esta dosis probablemente doble la cantidad necesaria para prevenir la deficiencia.

Peligros de la sobredosis

Dosis muy elevadas de vitamina A provocan intoxicación crónica con sequedad de piel, picor y descamación; somnolencia, irritación y un irresistible deseo de dormir; dolor de cabeza; pérdida de apetito; agrandamiento de hígado y bazo; e hinchazones dolorosas sobre los huesos. La vitamina se acumula en el cuerpo, y los efectos tardan semanas en desaparecer. Los esquimales y sus perros esquimales jamás comen hígado de oso polar (el cual contiene grandes cantidades de vitamina A), pues conocen sus efectos. Un simple gramo de hígado de oso polar contiene hasta 12 miligramos de retinol: 12 veces el requerimiento diario mínimo. La vitamina A también es peligrosa para el feto si la madre la toma en dosis de 7 a 12 miligramos diarios durante los tres primeros meses de embarazo. Esto puede causar anormalidades congénitas.

Una vez más, tenemos aquí una advertencia contra la falacia de creer que si algo es bueno para nosotros, grandes cantidades de lo mismo serán aún mejor. Esto a menudo es cierto, pero no deberías contar con ello. En algunos casos, mucho es muchísimo peor.

10

Los argumentos
y el desafío

Tienes ya, espero, un sumario imparcial de los hechos concernientes a los radicales libres y a los antioxidantes. Éste es un tema muy amplio, y al escribir un libro de este tipo es muy difícil evitar la parcialidad. Nada más fácil que seleccionar deliberadamente aquellos informes y argumentos que apoyan un punto de vista particular e ignorar o restar importancia a aquellos que no lo hacen. Incurrir en esto último no es ni honesto ni seguro.

Al mismo tiempo, es imposible investigar y estudiar un asunto tan potencialmente importante como éste sin formarse opiniones o adoptar una posición concreta. Habrás inferido que estoy convencido desde hace tiempo de la importancia de los radicales libres y del valor del tratamiento vitamínico antioxidante. Sin embargo, estoy razonablemente seguro de que no he afirmado nada que no esté bien sustentado por las evidencias científicas. Para ello, uno tiene, desde luego, que confiar en las afirmaciones realizadas en los diferentes informes o en las manifestaciones verbales de científicos entusiastas. Esto no resulta tan arriesgado como pudiera parecer. Los trabajos científicos que se publican son examinados críticamente y con lupa por otros muchos científicos, especialmente por quienes trabajan en el mismo campo, y lo que buscan precisamente son afirmaciones o declaraciones que no puedan considerar respaldadas por evidencias convincentes. Cualquier descubrimiento realmente importante es contrastado de forma independiente en investigaciones repetidas, realizadas por investigadores diferentes, publicándose muchos artículos que refutan o confirman dicho trabajo.

Existe una forma de sesgo que, afortunadamente, puedo rechazar de inmediato. Serás consciente de que en un asunto como éste existen importantes intereses comerciales. Si todo el mundo comenzase a tomar dosis diarias de vitaminas antioxidantes, los fabricantes obtendrían importantes ganancias. Una industria ya floreciente de por sí se expandiría enormemente. Así que permítaseme declarar de inmediato que soy un escritor autónomo e independiente, sin conexiones de ningún tipo con ninguna firma de preparados farmacéuticos. No quiero dar a entender con esto que dichas firmas participen en la difusión de afirmaciones deshonestas o que intenten promocionar libros que las hagan; las publicaciones de esas firmas están expuestas a la misma supervisión crítica que cualquier otro informe científico serio, dando gran importancia al aspecto ético.

Sé escéptico

Habiendo declarado mi interés, voy ahora a resumir los argumentos y a desafiarte a que formes tus propias ideas sobre el asunto. Espero que leas lo que sigue con escepticismo. En particular, habrías de ser cauteloso respecto a la creencia de que simplemente porque una cosa sigue a otra, la segunda debe necesariamente ser una consecuencia de la primera. Permíteme darte un ejemplo de lo que quiero decir.

Yo padecía regularmente resfriados, normalmente cada dos o tres semanas. Hace años comencé a tomar 1.000 miligramos de vitamina C al día, y, cuando parecía haber un resfriado en ciernes, incrementaba la dosis hasta 2.000 o 3.000 miligramos por día. Desde entonces rara es la vez que he tenido algún resfriado de verdad y casi siempre confirmo que puedo detener un resfriado con la dosis extra. *Esto no es una prueba.* Con sólo esta base, no estoy autorizado a concluir que es la vitamina C la que previene los resfriados. Pueden haber ocurrido otras cosas que, coincidiendo con el comienzo de mi ingestión de la vitamina, hayan incrementado mi resistencia a los resfriados. Puede que haya cambiado mi estilo de vida de tal forma que entre en contacto con menos personas que portan los gérmenes. Es incluso posible que la expectativa de un beneficio derivado de la vitamina C haya producido algún efecto oscuro sobre mi sistema inmunológico.

Pero si, al mismo tiempo, tengo la evidencia de que los virus que causan los resfriados actúan produciendo radicales libres (no sé realmente esto, aunque tengo la sospecha de que es así), y la vitamina C puede eliminar los radicales libres, esto me autoriza a tener más confianza en la idea de que la vitamina C previene los resfriados. Ya que no poseo la evidencia de que los virus produzcan radicales libres, debo continuar considerando el tema como «no probado».

Los romanos reconocieron la falacia lógica de creer que porque un evento sigue a otro, el anterior debe haber sido la causa del último. Llamaron a esto falacia *post hoc ergo propter hoc* («después de esto, luego por esto»). Ésta es una de las formas más comunes de error lógico, y todos somos propensos a ella.

Teniendo en cuenta esta advertencia, veamos un breve resumen de los hechos presentados hasta ahora.

Los argumentos

Las células son las unidades diminutas, microscópicas, de que está constituido el cuerpo. Son unidades vivas, altamente activas, enormemente atareadas llevando a cabo miles de reacciones químicas relacionadas con la producción de energía, la síntesis de proteínas, el crecimiento y la reparación, el almacenamiento de materiales, la transmisión de información, la producción de hormonas, la eliminación de venenos y drogas, etcétera. Células similares se unen para formar tejidos simples; éstos, a su vez, forman tejidos más complejos; los tejidos forman órganos; y los órganos forman sistemas y aparatos.

Una enfermedad es cualquier deterioro en la estructura o el funcionamiento celular. Este deterioro puede afectar a células individuales, tejidos, órganos o aparatos enteros de todo el cuerpo. Hasta hace relativamente poco, resultaba desconocido el modo exacto de daño a las moléculas de las células del cuerpo. Conocíamos muy bien los cambios que tienen lugar en las células en el curso de la enfermedad, pero poco sobre el modo en que éstos se producen. También conocíamos la importancia de la capa externa de las células, la membrana celular, y que, frecuentemente, los procesos patológicos provocan daños en dicha membrana. La membrana celular está formada principalmente por colesterol, un tipo de grasa. También sabíamos que los procesos patológicos dañan otras partes de la célula, incluyendo diminutos órganos celulares (orgánulos) como las mitocondrias, que producen energía, y el

ADN que se encuentra en el centro de la célula (el núcleo).

Ahora sabemos que un modo muy importante de daño a las membranas celulares y otras partes de la célula es a través de las reacciones químicas que se producen entre las moléculas de la célula y una clase de grupos químicos de vida corta pero altamente activos conocidos como radicales libres del oxígeno (ver págs. 20-21, 27). Esta reacción química se conoce como oxidación —una especie de combustión— y es siempre dañina para las sustancias oxidadas (ver págs. 21-23). Los radicales libres convierten también moléculas normales del cuerpo en radicales libres, poniendo así frecuentemente en marcha reacciones en cadena que multiplican el daño (ver pág. 24).

Un descubrimiento posterior reveló que el cuerpo posee sus propios sistemas internos para combatir los radicales libres. Conocidos como antioxidantes (ver pág. 113), son componentes normales del cuerpo, y su función es la de desembarazarse del exceso de radicales libres. Realizan esta labor alterándolos ligeramente, de manera que dejen de ser químicamente activos y se tornen inofensivos. Se conocen más de media docena de estos antioxidantes naturales (ver pág. 115). Uno de ellos es la vitamina E, llamada usualmente alfa-tocoferol (ver págs. 118-120). Es poco frecuente que una persona sea deficitaria en vitamina E, pero cuando esto sucede, prácticamente todas las partes del cuerpo sin excepción sufren un daño severo. Las células asesinas y limpiadoras de nuestro sistema inmunológico (fagocitos) usan radicales libres para destruir los gérmenes que han absorbido. En los bebés muy pequeños, cuando menos, un exceso de vitamina E puede interferir con esta acción, permitiendo que la infección se haga con el mando (ver pág. 120). Sabemos, por tanto, que en algunos casos es posible tener demasiada vitamina E.

La vitamina E no se disuelve en agua, pero sí lo hace en las grasas. Las membranas celulares y las lipoproteínas de baja densidad (ver págs. 36-37) están compuestas principalmente de un material graso conocido como colesterol. La vitamina E es probablemente el único antioxidante que puede fijarse por sí mismo a las membranas celulares y a las LDL. Parece probable, por tanto, que ésta sea la principal sustancia protectora contra el daño por oxidación de la membrana celular y las LDL.

El cuerpo también reacciona mal a la deficiencia de vitamina C (ver págs. 121-123), pero los efectos son mucho menos extensos que en el caso de la vitamina E. La vitamina C, no obstante, es un poderoso antioxidante y es soluble en agua, de modo que puede abrirse camino hacia cualquier parte del cuerpo, que es agua en más de un 90 por 100. Todas las células del cuerpo contienen agua, y todas están bañadas en agua. La cantidad de vitamina C en el cuerpo varía considerablemente con la dieta, y dosis de hasta unos 10.000 miligramos por día son probablemente inocuas (ver págs. 123-124).

Se han publicado muchos cientos de artículos médicos y científicos demostrando que existen diferentes afecciones asociadas a los radicales libres. También hay cientos de artículos que demuestran que si el cuerpo tiene un nivel bajo de antioxidantes, especialmente de vitamina E, vitamina C y beta-caroteno (ver páginas 126-127), la persona afectada es más propensa a padecer ciertas enfermedades. Hasta ahora las evidencias más fuerte tienen que ver con la aterosclerosis, severa enfermedad de las arterias (ver pág. 31), que provoca ataques al corazón, apoplejías y gangrena, siendo la mayor causa de mortalidad en el mundo occidental. Se han detectado realmente radicales libres tras ataques al corazón (ver pág. 44). Existen también pruebas convincentes de que bajos niveles de antioxidantes fomentan las cataratas. Hay también bastantes pruebas de que los radicales libres están fuertemente implicados en los cambios celulares que sobrevienen con la edad, en el daño que provoca el tabaco y en los efectos destructivos de la luz solar sobre la piel. Sabemos que los radicales libres pueden dañar el ADN, y hay fundamentos, aunque menos seguros que en otros casos, para creer que están implicados en el desarrollo de al menos algunos tipos de cáncer. Bajos niveles de antioxidantes en los varones están asociados con un incremento de defectos de nacimiento en sus hijos.

Los cigarrillos provocan una caída sustancial en los niveles de antioxidantes en el cuerpo de los fumadores (ver pág. 94). Se piensa que la causa radica en que el humo de los cigarrillos contiene tantos radicales libres y promueve tantos radicales libres adicionales en el cuerpo, que gran parte del potencial antioxidante se consume en enfrentarse a éstos. Como resultado, los fumadores de cigarrillos son mucho más susceptibles al ataque de los radicales libres que los no fumadores. Hay gran cantidad de evidencias a favor del punto de vista de que el amplio espectro de un mayor número de enfermedades y mortalidad prematura de los fumadores se debe en gran medida a la acción de los radicales libres.

El desafío

El siguiente paso es llevar a cabo los ensayos necesarios para comprobar si las enfermedades cardiacas, la apoplejía, el cáncer, las cataratas, etc., pueden realmente ser prevenidos con el consumo de vitaminas antioxidantes. Esto no resulta tan simple como parece, ya que es imposible decir con seguridad si uno se va a librar de tales enfermedades hasta estar realmente muerto. Por consiguiente, tales ensayos deben inevitablemente abarcar muchos años. No obstante, gran parte de los principales ensayos se están realizando ya, y no queda otro remedio que esperar pacientemente. Es aquí donde aparece el desafío. Salvo que seas muy joven, no tiene mucho sentido que esperes diez años o más para comprobar que deberías haber estado haciendo algo importante durante todo ese tiempo. Realmente tienes que tomar la decisión *ahora*.

Si los investigadores científicos, muchos de ellos de las más prestigiosas instituciones y universidades, están equivocados, y todo este asunto de los radicales libres es una pura tontería, entonces tienes bastante que perder. Económicamente, el coste de 1.000 a 2.000 miligramos de vitamina C y de 200 a 400 miligramos de vitamina E al día es quizás de 2.000 pesetas al mes, tal vez menos si buscas las tiendas más económicas. La vitamina C es muy barata, pero a no ser que se presente en tabletas recubiertas o en una fórmula efervescente y con sabor, es horriblemente amarga y puedes desanimarte rápidamente. Estas preparaciones especiales son, desgraciadamente, mucho más caras que el ácido puro.

Médicamente, la posibilidad de efectos secundarios nocivos con dosis como las mencionadas es realmente mínima, como ya han comprobado millones de personas, pero es posible que alguien especialmente sensible pudiera mostrar lo que se conoce como una *reacción idiosincrásica* de algún tipo. Tales cosas ocurren. Si adviertes cualquier efecto nocivo, deja de tomar las pastillas y las cápsulas. También deberás vigilar tu consumo de vitamina A, no ya tomando grandes cantidades de píldoras, lo que podría ser peligroso, sino asegurándote de que tu dieta es suficientemente rica en vitamina A (ver pág. 127).

Pero supón que es cierto que los radicales libres están, en este mismo instante, atacando y oxidando tus lipoproteínas de baja densidad, y dañando con ello las paredes de tus arterias, obstruyéndolas con placas ateromatosas, y reduciendo el suministro vital de sangre a tu corazón, cerebro y otros órganos y miembros. Es cierto que cuando te expones a la luz solar, el colágeno de tu piel es atacado y degradado por la radiación inducida por los radicales libres, de manera que ya no puede mantener una suavidad y elasticidad juveniles, o proporcionar el apoyo necesario para prevenir arrugas y varices. Es cierto, como ya se dijo, que las proteínas de la lente interna de tus ojos están siendo oxidadas y modificadas de tal modo que pueden llegar a formarse cataratas. Y, tal vez, lo peor de todo, es cierto que el ADN de muchas de las células de tu cuerpo están siendo atacadas y dañadas por los radicales libres, es decir, que la carrera la están disputando el ritmo del deterioro contra el proceso de reparación. Si vencen los radicales libres, el resultado puede ser simplemente la muerte de algunas células, lo cual carece de consecuencias importantes. Pero puede producirse también una mutación en el ADN, a la que podría seguir un cambio de tipo canceroso en alguna célula o, en el caso de las células productoras de esperma, una mutación genética que podría ser transmitida a los hijos.

De modo que a ti te toca decidir.

Un punto final muy importante. Si estás convencido de que esta especie de autotratamiento realmente funciona, es posible que te sientas tentado a usarlo como sustituto de una vida sana, y especialmente como una justificación para seguir fumando. No podrías cometer un error más grave. El tratamiento antioxidante puede efectivamente ser de gran importancia para la salud, pero nunca será un sustituto para un estilo de vida saludable.

Apéndice 1

---◆---

Preguntas y respuestas sobre los radicales libres y los antioxidantes

¿Es la gente que no come verduras más propensa a sufrir cierto tipo de enfermedades, como el cáncer, que la gente que sí las come?

Las evidencias de numerosos estudios ciertamente lo sugiere.

¿Es debido esto al efecto protector de las vitaminas antioxidantes?

Tal es la suposición general.

¿Por qué los libros de texto de nutrición recomiendan dosis de vitaminas C y E mucho menores que las que usted recomienda?

La intención de los libros de texto es simplemente la prevención de las enfermedades causadas por una deficiencia de vitaminas. Son pocos aún los que han reconocido el valor de las vitaminas antioxidantes como medidas de salud general. Se trata de una forma de utilizar las vitaminas básicamente distinta.

¿Sería bueno tomar también dosis mucho mayores de vitamina D y B?

En modo alguno deberías tomar dosis mayores de vitamina D o de vitamina A. Sería peligroso (ver página 118). Las vitaminas B no son antioxidantes. Son coenzimas, necesarios para el funcionamiento de diferentes sistemas enzimáticos corporales en muy pequeñas cantidades. No obtendrás beneficio alguno tomando dosis mayores de las recomendadas como mínimo diario, y éste mínimo lo obtendrás de una dieta bien equilibrada.

¿Qué vitaminas son liposolubles?

Las vitaminas A, D, E y K. La C es soluble en agua.

¿Tiene importancia la solubilidad?

Sí. Los antioxidantes liposolubles se depositan en las membranas celulares, las cuales están constituidas de dos capas de moléculas grasas y de lipoproteínas de baja densidad. Las vitaminas solubles en agua pueden estar presentes en el agua intracelular o extracelular, pero no en la membrana. Recuerda que, para poder actuar, los antioxidantes deben estar muy próximos al punto de producción de radicales libres.

¿Qué ocurre cuado los radicales libres atacan a la membrana celular?

Los radicales libres hidroxilo tienen un apetito voraz hacia los electrones, y emprenden inmediatamente la caza de los enlaces (dobles) no saturados existentes en los ácidos grasos de los lípidos de la membrana. Cuando uno de estos enlaces se rompe, la molécula se escinde y ambas partes tendrán electrones desapareados (ver pág. 16). Eso significa que ahora son radicales libres. Éstos, a su vez, atacan a otros enlaces de ácidos grasos, estableciendo así una reacción en cadena que puede propagarse a lo largo de la membrana celular, causando un daño terrible e incluso matando la célula.

¿Con qué radicales libres opera la vitamina E? ¿Con los que causan originalmente la reacción en cadena o con los de la membrana?

La vitamina E opera con ambos, pero es especialmente importante en el bloqueo de las reacciones en cadena de la membrana celular. Es un barrendero brillante de radicales libres de moléculas grasas partidas, y realiza un gran trabajo deteniendo reacciones en cadena y salvando células.

¿Cómo funciona la vitamina E?

La vitamina E, al ser liposoluble, se deposita en las membranas celulares y en las lipoproteínas de baja densidad (ver págs. 36-37). Su molécula tiene un grupo hidroxilo (ver pág. 21) que cede fácilmente el átomo de hidrógeno. Éste aporta el electrón necesario para completar la órbita externa de cualquier radical libre cercano, volviéndolo así inocuo. Esto, por supuesto, convierte la molécula de la vitamina E en un radical libre, pero aparentemente puede trasladarse a la superficie de la membrana celular o del glóbulo de LDL, donde reacciona con la vitamina C volviendo a la normalidad.

¿Significa esto que, si estamos tomando vitamina E, deberíamos también tomar vitamina C?

Sí. Pero pienso que, en cualquier caso, deberíamos tomar vitamina C por todo tipo de razones.

Las dosis de vitamina E se dan en UI, no en miligramos ¿Qué son UI?

Unidades internacionales. La vitamina E, en la práctica, no es una sustancia pura, sino una mezcla de tocoferoles, de los que hay ocho más o menos. No irás demasiado desencaminado si equiparas las unidades internacionales con mg. (miligramos). Un miligramo de acetato de alfatocoferol —la forma más común— equivale a una unidad internacional.

¿Cuánta vitamina C deberíamos tomar?

Nadie lo sabe con seguridad. Sin embargo, aunque el mínimo oficial recomendado en la actualidad posiblemente baste para evitar el escorbuto, no va a ser muy útil para otros propósitos. En algunas circunstancias podría incluso no prevenir siquiera el escorbuto. El problema es que las necesidades corporales de antioxidantes están modificándose continuamente. Si tus células se encuentran bajo una presión especial, ya sea debido a una infección o a que estás tomando ciertos fármacos, o por una inhalación excesiva de los gases del tubo de escape de los coches, o porque eres fumador, o incluso porque has ingerido accidentalmente alguna sustancia tóxica, precisarás entonces una cantidad mucho mayor que la cantidad base, cualquiera que sea ésta. Los grandes ensayos actualmente en curso deberán mostrar cuál es la dosis que podría cubrir la mayor parte de las eventualidades. Sospecho que una dosis de 1.000 miligramos diarios debería ser considerada como mínima, y que deberías tomar 2.000 o 3.000 miligramos si piensas que te encuentras en una situación de riesgo.

¿A qué se refiere con «una situación de riesgo»?

Si sientes un ligero dolor de garganta o cualquier otra leve indicación de un resfriado, incrementa la dosis diaria. Haz lo propio si te sientes mal y sospechas que estás a punto para alguna enfermedad. Puede que llegue el momento en que aumentemos el consumo ante cualquier síntoma temprano de indisposición o de pequeño malestar del tipo que sea. No vayas a imaginar, no obstante, que una dosis extra de vitamina C es un sustituto para una atención médica apropiada en los casos en que ésta se necesita. Las pastillas sólidas de vitamina C tampoco son aconsejables si padeces úlceras pépticas o una dispepsia severa. En tales casos, utiliza un preparado soluble.

Entiendo que el cuerpo almacena vitamina C. ¿Es ésto cierto?

Sí. La mayoría de la gente que no toma vitamina C suplementaria tiene una reserva de 1.500 miligramos o más. Si tomas una dosis diaria adicional, la reserva alcanzará unos 2.500 miligramos, y empezarás a expulsar más vitamina C a través de la orina. Para mantener una reserva de 2.500 miligramos se requiere un consumo diario superior a esta misma cantidad. Es posible que los niveles sanguíneos y tisulares asociados a una reserva de 2.500 miligramos puedan enfrentarse a la mayoría de los problemas vinculados a los radicales libres, pero esto no es seguro. Cuanto más se ingiera, mayores serán los niveles de la vitamina en la sangre y en los fluidos tisulares. Excretamos más vitamina C si el consumo es lo suficientemente alto como para elevar el contenido corporal de vitamina C hasta el nivel de los 2.500 miligramos, pero esto no implica que uno no pueda subir la dosis por encima de este nivel.

¿Es cierto que algunos animales fabrican su propia vitamina C?

Sí. En realidad, sólo los seres humanos, los monos y otros primates, los cobayas y algunos murciélagos, son incapaces de sintetizar la vitamina C. Los animales la producen a partir de la glucosa, pero nosotros carecemos del enzima hepático apropiado para llevar a cabo el último estadio del proceso. Esto sugiere que al comienzo de nuestra evolución éramos capaces de producir esta vitamina, pero que se produjo una mutación en el antepasado común de los primates, hace tal vez unos 25.000.000 de años, que suprimió el gen de este enzima.

¿Qué son los carotenoides?

Son sustancias existentes en plantas, hígado de pescado y otros hígados, productos lácteos, etc., que el hígado humano convierte en vitamina A. El beta-caroteno es el carotenoide más activo que existe en las plantas. Existen evidencias cada vez mayores de que, aparte de su papel como provitamina A, los carotenoides pueden prevenir, o ayudar a prevenir, distintas enfermedades.

¿Pueden prevenir el cáncer?

No es seguro. Hay abundantes evidencias estadísticas de que si tomas un grupo numeroso de personas, todas ellas con altos niveles de beta-caroteno en sangre, y las comparas con un grupo igual pero con bajos niveles de beta-caroteno, en el primer grupo se encontrarán menos casos de cáncer que en el segundo, especialmente de cáncer de pulmón. Esto se ha publicado en *British Journal of Cancer* y en la revista médica *Cáncer*. Esto no prueba, sin embargo, que el beta-caroteno prevenga el cáncer. Pero es verosímil que disminuya las posibilidades de desarrollar algunos tipos de cáncer.

¿Es lo mismo tomar beta-caroteno que vitamina A?

No del todo. Aunque ambos estén estrechamente relacionados desde el punto de vista químico, se ha demostrado que el beta-caroteno es valioso contra los radicales libres en ciertas condiciones en las que la vitamina A parece ineficaz. No obstante, el beta-caroteno es la principal fuente humana de vitamina A, al ser rápidamente convertido por el hígado en esta vitamina A, pero ésta adopta diferentes formas con diferentes funciones. Una forma (retinal) es necesaria para la visión, otras (retinol, ácido retinoico, etc.) son necesarias para la salud de los tejidos superficiales (epitelio), etcétera.

¿Cómo reduce el beta-caroteno el riesgo de algunos tipos de cáncer? ¿Se trata de un efecto antioxidante?

Muy probablemente. El beta-caroteno es un antioxidante poderoso que elimina los radicales libres producidos por radiación o por diferentes sustancias cancerígenas. Estos radicales libres pueden causar mutaciones del ADN que den lugar a cáncer. Además, se ha sabido durante algún tiempo que una escasez de beta-caroteno producía cambios concretos en las células superficiales (epitelio) característicos de las primeras etapas del cáncer. La administración de beta-caroteno invierte la dirección de estos cambios iniciales.

Parece existir alguna evidencia de que los campos eléctricos producidos por transformadores y líneas de alta tensión producen cáncer. ¿Podría un radical libre con su electrón desapareado verse afectado por dichos campos?

Sí. Los campos muy débiles, de la fuerza causada por las líneas eléctricas, podrían mover radicales libres y, al menos en teoría, podrían interferir la reunión de pares de radicales con espines electrónicos opuestos para formar un par no activo y seguro. Si esto ocurriera en gran escala, habría muchos más radicales libres en circulación de lo normal, y esto podría conducir al cáncer.

Todo ello es muy teórico, y no creo que exista ninguna prueba de que esto ocurra realmente. No olvides que todos nosotros hemos estado expuestos al campo magnético de la tierra desde el momento de nuestra concepción. Es posible que la interacción del campo fijo de la tierra y del campo alterno de las líneas de alta tensión pudiera tener efectos indeseables. El químico Keith McLauchlan, de la Universidad de Oxford, publicó un artículo sobre este asunto en enero de 1992 en *Physics World*.

¿Qué ocurre cuando las moléculas se oxidan?

En primer lugar, un par de átomos de oxígeno, unidos en forma de una molécula de oxígeno, se acercan a la molécula objetivo. Se transfiere entonces un electrón de esta última a la molécula de oxígeno. Esto transforma la molécula de oxígeno en un radical libre superóxido, ávido de adherirse a algo. Y, desde luego, a lo primero que se adhiere es a la molécula objetivo, convirtiéndola en un compuesto totalmente diferente, un óxido.

¿Diferente en qué sentido?

Tan diferente como la herrumbre lo es del hierro, la caliza de la cal, o el gas hilarante del nitrógeno. Los óxidos tienen propiedades totalmente distintas a las de la sustancia original antes de su oxidacción.

Pero la oxidación es esencial para la vida. ¿Significa esto que los radicales libres superóxido también son esenciales?

Sí. Pero el enzima que los torna seguros —la superóxido dismutase— (ver págs. 28, 116) es también esencial para la vida. Esto se ha demostrado con experimentos en los que se modificaron bacterias genéticamente, suprimiéndolas el gen de la superóxido dismutasa. No pudieron resistirlo, y todas murieron.

¿Se conoce algún caso de deficiencia de superóxido dismutasa en seres humanos?

No que yo sepa. Esto habría constituido casi seguro una mutación letal, causando la muerte en los primeros estadios posteriores a la concepción.

¿Cómo se pueden detectar los radicales libres?

Los radicales libres poseen un solo electrón libre en la órbita externa. Los electrones apareados de las otras órbitas giran en direcciones opuestas y magnéticamente se anulan. El electrón libre, sin embargo, crea un campo magnético. La resonancia de espín electrónico es un método de detectar cambios de espín en electrones desapareados sometidos a un poderoso campo magnético y que son expuestos a microondas de radio, de modo similar al escáner de resonancia magnética (el escáner de imágenes de resonancia magnética es el sucesor del escáner de tubo de rayos catódicos, y produce una asombrosa resolución hasta los detalles más finos). El poderoso campo magnético es producido por enormes imanes superconductores en el escáner. Esto hace que los átomos adopten una orientacion a lo largo de las líneas de fuerza del campo, pero mirando en una u otra dirección. Se aplican entonces pequeñas señales de radio de una frecuencia igual a la de la resonancia de espín de los átomos. Esto hace que algunos de los átomos se giren hacia el otro lado. Cuando la señal de radio cesa, vuelven a girarse hacia la dirección original, y, al hacerlo, emiten sus propias pequeñas radioseñales.

Éstas son detectadas por una máquina. La localización de su origen puede ser computada y construirse una imagen.

¿No es posible que los radicales libres sean simplemente un subproducto de otros procesos de enfermedad mucho más importantes que están aconteciendo en el cuerpo?

Es posible. Pero incluso lo poco que se sabe hoy en día sobre los radicales libres responde ya a un gran número de preguntas que no se podían responder antes. Es un conocimiento consistente con una gran cantidad de hechos establecidos. Hay un principio de la lógica, muy estimado por médicos y científicos, conocido como la navaja de afeitar de Occam. Establece que una sola explicación que dé cuenta de muchos hechos aparentemente sin relación tiene más probabilidades de ser correcta que un montón de explicaciones diferentes. Principios unificadores de este tipo han sido inmensamente fructíferos a lo largo de la historia de la ciencia. Quiero sospechar que éste va a ser otro de ellos.

Apéndice 2

---❦---

Vitaminas antioxidantes en los alimentos

Este apéndice no pretende dar a entender que puedes obtener todos los antioxidantes que necesitas a partir de la dieta. También me gustaría dejar claro que no hay ninguna razón misteriosa por la que las vitaminas C y E sean «mejores» cuando las obtienes de alimentos naturales que cuando las obtienes de una botella. El ácido ascórbico sintetizado en una fábrica y suministrado en una pastilla es *exactamente idéntico* al ácido ascórbico del brécol. Ninguno de los dos posee ventajas sobre el otro. Lo mismo vale para el tocoferol. En química, una sustancia sintética no es un sustituto de segundo orden de la cosa real. *Es* la cosa real.

Dicho esto, hay motivos para que trates de asegurarte de que tu dieta sea tan rica en vitaminas antioxidantes como razonablemente se pueda. Estas listas te ayudarán a conseguirlo.

Vitamina C

Cantidades relativas de varios alimentos:

Muy alto contenido en vitamina C

Grosellas, pimientos dulces rojos y verdes, tallos de brécol, perejil, col rizada, chile.

Alto contenido en vitamina C

Repollo, coles de Bruselas, coliflor, cebolletas, coles.

Contenido medio en vitamina C

Naranjas, limas, limones, fresas, tomates maduros, melón, achicoria, espárragos, alcachofas, hinojo, rábanos, espinacas.

Contenido relativamente bajo en vitamina C

Toda la fruta restante. Zanahorias, apio, maiz, pepino, brotes de bambú, ajo, rábano picante, patatas, cebollas, ruibarbo, chirivías, tomates verdes.

Vitamina E

Esta vitamina es una sustancia liposoluble, ampliamente distribuida en los alimentos. Cualquiera que sea tu dieta, es difícil que obtengas tan poca como para sufrir una deficiencia de esta vitamina. Únicamente las personas con un desorden de absorción son proclives a tener deficiencia en vitamina E.

Fuentes ricas en vitamina E

Las fuentes más ricas son los aceites de semillas tales como el de girasol, el de palma y el de almendra; el germen de trigo, la lechuga y la alfalfa.

Otras fuentes de vitamina E

Esta vitamina está presente en todos los aceites y grasas vegetales, margarina, nueces, guisantes, judías y otras legumbres, vegetales de hoja verde, cereales en general, leche, mantequilla, grasas animales, hígado, carne, pescado, aves de corral y yema de huevo.

La margarina tiene al menos 13 veces tanta vitamina E como la mantequilla, y, a pesos iguales, un filete de salmón contiene cerca de 10 veces más vitamina E que un bistec. Cuantas más grasas poliinsaturadas comas, más vitamina E obtendrás. Las grasas poliinsaturadas permanecen líquidas a temperatura ambiente. En general, suelen ser grasas vegetales más que grasas animales.

Glosario

ADN   Ácido desoxirribonucleico, la molécula de doble hélice que contiene el patrón de código genético para la estructura de todas las proteínas del cuerpo.

ADN basura   ADN que no porta información genética.

Acné   Una enfermedad común de la piel en la adolescencia y principios de la vida adulta, que afecta a los blancos y tiene como características las espinillas, los granos y las cicatrices.

Adicción   Dependencia del uso repetido de una droga como la nicotina, el alcohol o la heroína para consuelo de la mente o el cuerpo.

Aflatoxina   Un veneno producido por el hongo *Aspergillus flavus* que crece en los cacahuetes y cereales almacenados en condiciones húmedas, y que puede causar cáncer de hígado.

AIT   ver ataque isquémico transiente.

Aldehído   Cualquier compuesto orgánico que con-
                        tenga el grupo -CHO (un átomo de
                        carbono, uno de hidrógeno y uno de
                        oxígeno).

Alfa-tocoferol   Vitamina E.

Anemia   Una reducción en la cantidad de hemo-
                        globina, sustancia transportadora de
                        oxígeno, en sangre.

Aneurisma   Una hinchazón de una arteria, semejante a
                        una baya o difusa, en o cerca de una
                        rama, causada por una debilidad en la
                        pared arterial, comúnmente por ateros-
                        clerosis.

Angina   Una angina de pecho que muestra ten-
inestable   dencia a empeorar.

Angina   El síntoma de opresión o dolor en el cen-
de pecho   tro del pecho que tiene lugar cuando
                        las arterias coronarias son incapaces de
                        proporcionar un adecuado suministro
                        de sangre para satisfacer las demandas
                        del músculo cardiaco.

Angiografía   Una forma de examen por rayos X utili-
                        zando un fluido opaco a los rayos X
                        que vuelve la sangre visible en los
                        vasos sanguíneos en los que se ha
                        inyectado.

Angioplastia
de balón   El uso de un catéter de balón para restau-
                        rar una anchura más normal a una arte-
                        ria estrechada por aterosclerosis.

Antioxidante	Una sustancia capaz de prevenir la oxidación de moléculas orgánicas; una sustancia como la vitamina C o la vitamina E, capaz de «barrer» radicales libres lesivos.
Aorta	La arteria principal del cuerpo, que nace directamente del corazón y suministra ramas a todas partes.
Apoplejía	Una seria afección resultante del daño cerebral causado por la privación de sangre o por hemorragias en el cerebro o alrededor de él.
Arteria	Un tubo elástico de pared muscular que transporta sangre a presión elevada desde el corazón a cualquier parte del cuerpo.
Arterias coronarias	Las dos arterias que nacen en la aorta y se dividen para formar ramas que se extienden por la superficie del corazón, suministrando sangre a este músculo en contracción constante.
Ataque isquémico transiente	Una miniapoplejía que dura menos de 24 horas. Los AIT son advertencias serias de que una apoplejía completa, con daño permanente, puede ocurrir en cualquier momento.
Ataque cardiaco	Muerte de un segmento del músculo cardiaco como resultado de una trombosis coronaria o un espasmo coronario.
Aterosclerosis	Una enfermedad degenerativa de las arterias en la cual se desarrollan placas grasas sobre la mucosa interior de las arte-

rias, de modo que el flujo normal de la sangre se encuentra obstaculizado. Es la mayor causa de muerte en el mundo occidental, y responsable de más muertes que ninguna otra afección por sí sola.

Átomo — La más pequeña cantidad de un elemento que puede tomar parte en una reacción química.

Benigno — No maligno; moderado, que usualmente no tiende a causar la muerte.

Beta-caroteno — El pigmento naranja de las zanahorias y otras verduras que es convertido por el hígado en vitamina A. Es un poderoso antioxidante.

BHA — Butil hidroxianisol.

BHT — Butil hidroxitolueno.

BPN — Butil alfa-fenil nitrona.

Bronquiolo — Uno de los pequeños tubos de aire de los pulmones.

Butil alfa-fenil nitrona — Una sustancia antioxidante que se ha utilizado experimentalmente para prevenir los daños causados por los radicales libres.

butil hidroxianisol — Un antioxidante ampliamente utilizado como conservante de alimentos.

Butil hidroxitolueno — Un antioxidante ampliamente utilizado como conservante de alimentos.

Calcificación | El depósito de material cálcico en tejidos vivos.

Carcinógeno | Cualquier cosa que puede causar cáncer.

Carcinoma | Un cáncer de células superficiales —la clase más común de cánceres.

Carotenoides | Un grupo de pigmentos relacionados con la vitamina A.

Carótida | Una de las dos principales arterias del lateral del cuello que transportan sangre hacia el cerebro.

Catalasa | Un enzima que descompone el peróxido de hidrógeno en agua y oxígeno.

Cataratas | Cualquier opacificación de la lente interna del ojo.

Catéter de balón | Un tubo doble fino, con una porción cilíndrica inflable y expandible cerca de un extremo, que puede ser pasado a lo largo de una arteria hasta un área parcialmente bloqueada por enfermedad, e inflado de modo que rompa la placa aterosclerótica de la pared y ensanche el vaso.

Ceguera nocturna | Pobre visión con luz tenue, como sucede con la deficiencia de vitamina A.

Célula | La unidad estructural y funcional de todos los seres vivos.

Ceruloplasmina | Uno de los antioxidantes naturales del cuerpo.

Cisteína   Un aminoácido (unidad básica de las pro-
                      teínas) que contiene azufre.

Colesterol   Una sustancia grasa esencial que se
                      encuentra en todos los tejidos del cuer-
                      po, especialmente en las membranas
                      celulares, que también es utilizada por
                      el cuerpo para sintetizar otras sustan-
                      cias esteroides.

Compuesto   Una sustancia que contiene átomos de dos
                      o más elementos unidos por enlaces
                      químicos.

Conducto   El tubo que va del hígado al intestino y
biliar   por el que desciende la bilis.

Conjuntiva   La membrana transparente que cubre el
                      blanco de los ojos y el interior de los
                      párpados.

Contractura de   Un tensionamiento de la capa fibrosa que
Dupuytren   hay bajo la piel de la palma de la mano,
                      de modo que los dedos quedan dobla-
                      dos en forma permanente.

Córnea   La lente delantera transparente del ojo.

Cultivo tisular   El crecimiento artificial de láminas de
                      células del cuerpo, como los fibroblas-
                      tos, en bandejas de vidrio en el labora-
                      torio.

D-penicilamina   Uno de los antioxidantes naturales del
                      cuerpo.

Daño cerebral   Cualquier pérdida permanente de la plena
                      funcionalidad del cerebro, cualquiera
                      que sea el modo en que se haya causado.

Demencia
: Pérdida progresiva de la mente, comúnmente como resultado de aterosclerosis de las arterias que proveen al cerebro.

Dermatólogo
: Un especialista de la piel.

Detoxicación
: Un cambio químico que vuelve menos
peligrosa una sustancia tóxica.

Dopamina
: Un importante compuesto químico que
se encuentra en el cerebro, que puede
portar información, y que se utiliza
para formar adrenalina.

Electrón
: La diminuta partícula cargada negativamente del exterior de los átomos que
forma las uniones de los enlaces químicos, y cuya presencia desequilibrada
forma un radical libre.

Elemento
: Una de las 92 sustancias que aparecen en
la naturaleza de las que está hecho el
universo. Los elementos contienen
sólo un tipo de átomo y no pueden ser
desdoblados en unidades más pequeñas por medios químicos.

Emulsionante
: Cualquier agente que permite que el aceite y el agua se mezclen íntimamente
para formar un líquido lechoso.

Endonucleasa
: Un enzima que puede cortar el ADN en
cualquier punto.

Enlaces
: Las uniones químicas entre átomos que se
juntan para formar moléculas.

Enzima
: Una proteína capaz de acelerar grande-

mente la velocidad de una reacción química orgánica.

Epidermis
La capa externa de la piel.

Epitelio
Una capa de células que cubren cualquier superficie interna o externa del cuerpo, e impide que los tejidos del cuerpo se mezclen entre sí.

Escorbuto
Desorden hemorrágico producido por una síntesis defectuosa de colágeno causada por una deficiencia de vitamina C.

Esófago
El gaznate, a través del cual el alimento pasa hacia el estómago.

Espectroscopia de resonancia paramagnética de electrones
Una técnica avanzada para detectar la presencia de radicales libres.

Estrés oxidativo
Un término ampliamente utilizado para referirse a la acción de los radicales libres.

Estudios prospectivos
Ensayos, como los realizados para comprobar el valor de los suplementos de antioxidantes, en los que se establecen las condiciones antes de que los ensayos se inicien, y se comprueban los resultados en el futuro.

Exonucleasas
Enzimas que pueden cortar un trozo de ADN de un extremo libre.

Fagocitos
Células limpiadoras del sistema inmunitario que engullen y destruyen gérmenes

y material indeseable, a través de la formación de radicales libres.

Fallo cardiaco El punto en el que el corazón ya no es capaz de mantener a la sangre circulando adecuadamente, de modo que se produce un estancamiento con acumulación de fluido en los tejidos.

Fenol Ácido carbólico, un tipo de compuestos que contienen un anillo bencénico y un grupo hidroxilo.

Fenólico Que contiene fenol o deriva de éste.

Feto El embrión humano desde aproximadamente el segundo mes de embarazo hasta el momento de su nacimiento.

Fibroblastos Células que forman el tejido fibroso de la proteína colágeno.

Fibroplasia retrolental Un grave desorden ocular que a menudo llega a la ceguera, que tiene lugar en bebés prematuros que reciben demasiado oxígeno.

Flavonoides Un grupo de compuestos orgánicos que forman la materia colorante de plantas y flores.

Fluido seminal El fluido pegajoso emitido durante la eyaculación sexual, y que contiene millones de espermas.

Foto-envejecimiento El efecto dañino sobre la piel de una larga exposición a la luz.

Gangrena Muerte tisular.

Gerontología	gerontologíala ciencia del envejecimiento.
Glucosa 6-fostato deshidrogenasa	Un importante enzima para la utilización de los carbohidratos por el cuerpo. Su deficiencia causa un tipo de anemia.
Glucosa	Un azúcar simple, el principal combustible del cuerpo.
Glutation	Uno de los antioxidantes naturales del cuerpo.
Grasas poliinsaturadas	Grasas que contienen ácidos grasos en los que muchas de las uniones entre carbonos tienen dobles enlaces y son, por tanto, rotos más fácilmente que los enlaces simples, más estables. Las grasas insaturadas suelen ser líquidas a temperatura ambiente.
Grasas saturadas	Grasas que contienen ácidos grasos cuyas uniones entre átomos de carbono son todas enlaces simple, y, por tanto, estables. La mayoría de las grasas saturadas son sólidas a temperatura ambiente.
Grupo carbonilo	Un grupo funcional consistente en un átomo de carbono unido a uno de oxígeno.
Hemorragia cerebral	Una hemorragia en el cerebro.
Hidrocarburo aromático	Un compuesto orgánico que contiene un anillo de seis átomos de carbono unidos por enlaces simples y dobles alternativos.
Hígado	El principal lugar de actividad bioquímica en el cuerpo.

Hipoxantina — Una sustancia formada por descomposición de las nucleoproteínas (proteínas unidas a un ácido nucleico), por ejemplo, por radicales libres.

Hormonas — Mensajeros químicos que ayudan a controlar y coordinar diversas funciones corporales y celulares.

Inflamación — Respuesta del cuerpo a las lesiones. El suministro local de sangre aumenta, y las células del sistema inmunitario, como los fagocitos, son llevadas a ese lugar.

Inhibición por contacto — Las restricciones sobre la reproducción celular causadas por el contacto con células adyacentes.

Intravenoso — Dentro de una vena.

Ión hidroxilo — Una de las dos partes en la que se escinde de forma natural la molécula de agua.

Ión — Un átomo o grupo de átomos eléctricamente cargado, que se forma cuando se gana o pierde un electrón.

Iris — La parte coloreada del ojo con un hueco central, la pupila.

LDL — Ver lipoproteínas de baja densidad.

Lente del cristalino — La lente interna del ojo que queda justo por detrás del iris coloreado.

Lentigines — Grandes lunares en la piel relacionados con la edad. Su singular es lentigo.

Leucemia	Un tipo de cáncer de los tejidos formadores de sangre en la médula ósea, en el que se produce un gran exceso de glóbulos blancos anormales, de modo que la sangre no puede llevar a cabo adecuadamente sus funciones vitales.
Lípidos	Grasas.
Lipoproteínas de baja densidad	Complejos de grasas y proteínas, con preponderancia de las primeras, que van del hígado hacia los tejidos del cuerpo.
Lipoproteínas de alta densidad	Complejos de grasas y proteínas, con preponderancia de las últimas, que van de los tejidos del cuerpo hacia el hígado.
Luz ultravioleta	La parte del espectro electromagnético que queda entre la luz visible y los rayos X. La mayor parte de la luz ultravioleta del sol es filtrada por la atmósfera, pero, aun así, es capaz de provocar gran formación de radicales libres en la piel.
Malformación congénita	Cualquier anormalidad corporal presente en el momento de nacer.
Malignidad	Con tendencia a causar la muerte o un grave desorden corporal.
Malonaldehído	Una sustancia liberada en el curso de niveles elevados de oxidación tidular, y que sirve, por tanto, como indicador de la actividad de los radicales libres.
Melanoma maligno	Un cáncer de las células pigmentadas de la piel, los melanocitos.

Metabolismo	La totalidad de los procesos químicos que tienen lugar en el cuerpo y que dan como resultado el crecimiento, la descomposición de los tejidos, la producción de energía, la eliminación de sustancias indeseables, y demás. El metabolismo incluye construcción (anabolismo) y deconstrucción (catabolismo).
Metástasis	Diseminación remota del cáncer sembrando pequeños grupos de células cancerosas transportadas por la sangre o la linfa.
Micrometástasis	Transmisión invisible de grupos microscópicos de células cancerosas.
Micronúcleos	Fragmentos de ADN liberados en los fluidos celulares después de sufrir daños por los radicales libres y otros tipos de daños.
Mitocondrias	Pequeños corpúsculos celulares esféricos o lineales que contienen los enzimas responsables de la producción de energía.
Moléculas	La unidad más pequeña de un compuesto químico, consistente en dos o más átomos unidos por enlaces químicos. Algunas moléculas, como las de las proteínas, son muy grandes.
Mutación	Un cambio en el ADN que daña o altera su efecto genético.
Naftoles	Un grupo de sustancias antoxidantes.
Nitrosaminas	Un tipo de compuestos aceitosos que contienen el grupo $=NNO$. Pueden causar cáncer.

Oncogenes

Genes que pueden activar el ADN de tal modo que las células devengan cancerosas.

Osteomalacia

Un ablandamiento de los huesos de los adultos por deficiencia de calcio secundaria a una deficiencia de vitamina D.

Oxidación

El proceso de experimentar una combinación oxígeno o de sufrir una pérdida de electrones. La oxidación suele ser dañina, como en la herrumbre o la combustión, pero es parte esencial del proceso de liberar energía en el cuerpo y en otras partes.

Paradoja de los franceses

La incidencia sorprendentemente baja de aterosclerosis en una población con un consumo elevado en la dieta de grasas saturadas.

Pediatra

Un especialista en medicina infantil.

Peroxidación

Una reacción química, estimulada en el cuerpo por venenos e infecciones, en la que se liberan átomos de oxígeno, para unirse luego a moléculas como la de agua, formando sustancias con fuerte capacidad de oxidación.

Peróxido de hidrógeno

Una molécula similar a la del agua, pero que contiene un átomo de oxígeno adicional, de modo que es un fuerte agente oxidante.

Placas

Término utilizado para los hacinamientos de células musculares degeneradas y colesterol que se forman sobre el revestimiento interno (endotelio) de las

arterias en la enfermedad de la aterosclerosis.

Progeria   Una rara enfermedad, en la que el envejecimiento de toda una vida ocurre en
los primeros diez años de vida aproximadamente.

Proteínas   El principal material funcional y de construcción del cuerpo, formado por la
unión de diversas combinaciones de
20 aminoácidos en grandes moléculas.
Las proteínas pueden ser solubles,
como en el caso de las proteínas de la
sangre, los anticuerpos y los enzimas,
o insolubles, como el caso del colágeno de los huesos y del tejido conecti-
vo y la queratina del cabello y las
uñas.

Química   La ciencia de la composición, propiedades
y reacciones de las sustancias.

Radiación solar   Radiación proveniente del sol, cuyas longitudes de onda más dañinas desde el
punto de vista biológico se encuentran
en la parte ultravioleta del espectro.

Radiación   Ver luz ultravioleta.
ultravioleta

Radical   Un grupo químico o racimo de átomos que
generalmente forman parte de una
molécula, y que a menudo retiene su
identidad en el curso de las reacciones
químicas.

Radical   Un radical libre muy activo consistente en
hidroxilo   un átomo de hidrógeno y un átomo

de oxígeno con un solo electrón desapareado.

Radicales
libres

Un átomo o grupo de átomos con un electrón desapareado, que forman un agente muy activo químicamente, ávido de engancharse a cualquier molécula cercana y oxidarla. Los radicales libres son tan activos que la mayoría de ellos existen sólo por periodos muy breves antes de ser inactivados por el ataque a otra molécula. Al hacerlo así, sin embargo, pueden convertir a la segunda molécula en un radical libre, iniciando de ese modo una reacción en cadena dañina.

Raquitismo

Ablandamiento y distorsión de los huesos que tiene lugar en los niños deficientes en vitamina D.

Reacción
química

Cualquier proceso en el cual los átomos forman enlaces o se separan.

Reperfusión

La renovación del flujo de sangre en un área del cuerpo después de haber sido interrumpido. Resulta de la abertura de vasos sanguíneos cercanos que estaban cerrados, y comúnmente se asocia con una intensa acción de radicales libres.

Replicación

El proceso de copiar exactamente, como sucede con el ADN antes de la reproducción celular.

Retinol

Vitamina A

SIDA

El síndrome de inmunodeficiencia adqui-

rida, causado por el virus de inmunodeficiencia humana (VIH).

Sustancia negra   Parte del cerebro con pigmentación oscu-
ra, y que produce la sustancia dopa-
mina.

Superóxido   Un óxido metálico que contiene un ión
de oxígeno. Uno de los más importan-
tes radicales libres formados en el cuerpo, capaz de atacar grasas, proteínas y
carbohidratos.

Superóxido   Uno de los antioxidantes naturales del
dismutasa   cuerpo, capaz de inactivar al radical
libre superóxido.

Tejido   Cualquier colección de células unidas.

Telangiectasia   «Venas rotas.»

Telómeros   Los segmentos terminales del ADN de los
cromosomas.

Tocoferol   Vitamina E.

Tocoferoles   Un grupo de compuestos relacionados
con la vitamina E o constituyentes de
la misma.

Transferrina   Uno de los antioxidantes naturales del
cuerpo.

Tratamiento   Tratamiento sin una base que lo explique.
empírico

Tretinoína   La forma activa de la vitamina A en todos
los tejidos del cuerpo, excepto en la
retina del ojo.

Trombosis   Coagulación de la sangre dentro de una
                     arteria o vena.

Trombosis   Coagulación de la sangre en una arteria
coronaria   coronaria del corazón, casi siempre en
                     el emplazamiento de una placa ateros-
                     clerótica.

Ulceración   Degradación de cualquier superficie del
                     cuerpo para formar un cráter y exponer
                     el tejido subyacente.

Velocidad   La velocidad con la que tienen lugar los
metabólica   procesos químicos del cuerpo.

VIH positivo   Tener anticuerpos para el virus de inmu-
                     nodeficiencia humana.

Xantina   Una sustancia implicada en la producción
                     de radicales libres, que puede actuar
                     como indicadora de la actividad de los
                     radicales libres.

Índice de nombres